Mathematics
中小学数学课程
国际比较研究丛书

顾　问　　史宁中　　宋乃庆

主　编　　曹一鸣

学术委员会（按姓氏拼音或字母排序）

鲍建生　　戴维·克拉克（David Clarke）［澳］
代　钦　　保罗·科布（Paul Cobb）［美］
李忠如　　若尔特·拉维查（Zsolt Lavicza）［英］
王光明　　弗里肖夫·萨尔斯特伦（Fritjof Sahlström）［芬］
　　　　　铃木正彦（Suzuki Masahiko）［日］

编委会（按姓氏拼音排序）

康玥媛　　李欣莲　　马迎秋　　邵珍红　　王建波
吴立宝　　严　虹　　于国文　　张玉环

北京教育科学研究院学术著作出版资助项目

Mathematics
中小学数学课程
国际比较研究丛书

中澳法芬数学课堂教学比较研究
——聚焦关键教学行为

ZHONG-AO-FA-FEN SHUXUE KETANG JIAOXUE BIJIAO YANJIU

曹一鸣 /丛书主编

于国文 /著

上海教育出版社
SHANGHAI EDUCATIONAL
PUBLISHING HOUSE

丛书序

经济的发展，社会的进步，越来越依赖于科学技术，而人力资源已成为其中的决定性因素，教育受到重视应该是一个必然的结果。应对时代发展的需求，世界各国从不同层面上加大了投入，开展教育改革。教育部在全国基础教育课程改革实验工作会议中指出"综观中外教育改革，无不把课程改革放在突出位置，把课程作为提高人才培养质量的关键来加以改革和建设"。

数学学科一直是各国基础教育课程中的核心学科，也是各国历次课程改革的重心。进入 21 世纪，诸多国家纷纷出台全国性的数学课程标准或国家层面的课程改革政策文件。我国教育部于 2001 年 7 月，颁布了《全日制义务教育数学课程标准（实验稿）》，2003 年 3 月颁布了《普通高中数学课程标准（实验）》，2011 年 12 月颁布了《义务教育数学课程标准（2011 年版）》，目前全国普通高中数学课程标准也正在修订之中。

美国相继出台了有关基础教育课程改革的一系列法案政策。早在 1989 年，美国科学促进会就出台了面向 21 世纪的基础教育改革计划——《普及科学——美国2061 计划》。以乔治·布什为领导的共和党政府于 1991 年签发了指导美国基础教育改革的纲领性文件《美国 2000 年：教育战略》。以克林顿为领导的民主党政府 1994 年签署了《2000 年目标：美国教育法》以及 1997 年的国情咨文。2001 年，小布什政府制定了《不让一个孩子掉队》（No Child Left Behind，简称 NCLB）的教育改革计划。这些政策文件都反映基础教育课程改革在美国的重要程度。2000年，由全美数学教师协会（National Council of Teachers of Mathematics，简称NCTM）颁布了准备十年之久的《数学课程标准》，并向全国推荐实施。2009 年 7月，奥巴马政府制定了"力争上游"（Race-to-the-top）项目，以促进各州的基础教育课程改革，其中一项内容就是各州联合制定并使用统一的 K－12 标准和相应的学业评价标准。2010 年 6 月，全美州长协会（National Governors Association，简称

NGA)与美国各州首席学校官员理事会(The Council of Chief State School Officers,简称 CCSSO)联合推出了《共同核心州数学课程标准》(Common Core State Standards for Mathematics)。英国在 1989 年形成全国统一的国家数学课程, 1991 年和 1995 年进行了第一次和第二次修订。1997 年,布莱尔政府强调"教育、教育还是教育"是政府工作重心之一,对课程进行了改革。1999 年和 2007 年(仅限中学)又进行了第三次和第四次修订,并于 2011 年启动第五次修订。1999 年, 英国课程与资格局修订并颁布了《英国国家课程标准》。2005 年、2006 年英国又相继颁布了《小学、初中英国国家课程标准》及《高中英国国家课程标准》,2013 年和 2014 年分别颁发了《2014 国家数学课程》的义务教育阶段和高中教育阶段的版本。澳大利亚也于 2010 年颁布了澳大利亚《全国统一数学课程标准》,并已于 2011 年开始推广,这也是澳大利亚第一个全国性的课程标准,并且逐步编制与课程标准相配套的教材。

21 世纪初启动的数学课程改革,至今已有十多年,新一轮的数学课程改革也已经拉开帷幕。当今社会,对公民数学素养的要求越来越高,越来越多样化,数学课程的改革面临着从数学内容的选择到呈现方式、教学方式、评价标准等多方面的改革,视角的不同往往会得出不同的结论,因此改革必须谨慎,必须从多种不同的视角展开深入的研究。纵观国际课程改革历史与经验教训,一个现实问题是改革作为对现实的改进和对理想的追求,其本身并不一定必然导致进步,世界诸国在面对每一次教育与课程发展中的"问题"或"不适"进行改革时,总是成功与失败并存, 当人们满怀激情地解决了一些问题的同时,新的问题又产生了,有时甚至一些理想中改革的"亮点",最终却成为最大的败笔。

因此,在研制课程改革方案以前,应做大量的研究工作,既要广泛听取数学家的意见,又要大量吸收数学教育专家的研究成果以及一线教师、教研员宝贵的实践经验。既要研究我国自身数学课程改革的历史和特点,又要深入研究国际数学课程发展,了解世界各国数学课程的变化、最新进展,以国际的视野,通过对比来审视本国的数学课程,传承本国数学课程中所特有的优良传统,紧随 21 世纪信息科技型社会的发展步伐,与时俱进地发展、更新知识,提出新要求。

自 2006 年起,我们从学习者的视角来进行中学数学课堂教学微观分析,系统地开始数学教育的国际比较研究。2011 年,在相关国际合作研究的基础上,选择了亚洲的日本、韩国与新加坡,欧洲的英国、法国、德国、俄罗斯、芬兰与荷兰,美洲的美国与加拿大,大洋洲的澳大利亚,非洲的南非等十三个国家的数学课程标准进行研究。相继出版了《十三国数学课程标准评介(小学、初中卷)》和《十三国数学课程标准评介(高中卷)》，成功申报教育部人文社会科学基金规划项目"高中数学课程标准的国际比较研究"以及国家哲学社会科学基金"十二五"规划 2012 年教育学重点课题"中小学理科教材国际比较研究(初中数学)"，开展对中国、美国、澳大利亚、英国、法国、德国、俄罗斯、日本、韩国、新加坡等国数学教材的国际比较研究。为此，国际研究的视角从开始的数学课堂教学比较，逐步延伸到数学课程标准、数学教材、数学学业评价等方面。

通过以上诸项目的研究，进一步加强了与国际数学教育研究者的联系，与美国范德堡大学、澳大利亚墨尔本大学、英国剑桥大学、英国国王学院建立实质性的合作研究，成功联合申报一系列国际合作研究项目。研究团队分别在《教育研究》《中国教育学刊》《比较教育研究》《课程·教材·教法》《外国中小学教育》《教育科学研究》《数学教育学报》《数学通报》等杂志上发表了一系列相关研究论文，多位博士研究生基于比较的视角，从数学课程标准、数学教材、数学教学等方面开展了国际比较的研究，完成学位论文。我们一直有一个想法，希望能够整体发布、出版。2015年下半年，上海教育出版社刘祖希编辑来北京师范大学和我探讨、交流数学教育研究发展问题，他主动提到上海教育出版社愿为数学教育界青年学者的成长提供支持，可以以我们团队的研究为基础，同时关注到国内其他青年学者，联合全国数学教育研究会，开展优秀博士论文评选资助出版，计划在"十三五"(2016—2020)期间陆续出版 10 册左右的中小学数学课程标准、教材、课堂教学的国际比较研究著作，这一想法很快得到了上海教育出版社王耀东副总编的大力支持，列入资助出版计划。

本选题作为国内第一套较为系统的数学课程领域国际比较研究丛书，其意义在于能对国内数学课程改革、国际数学课程比较研究、数学课程理论学科发展这三个方面起到推进作用。

1. 推动我国数学课程改革的理论研究和实践探索

课程标准成为指导教材编写、教师教学、学生考试评价等工作的重要依据。课程标准的出现及修订直接牵动着课程改革的方方面面，进而影响着整个基础教育改革。因此，课程标准有着举足轻重的作用，对课程标准的研究还需要进一步的探索。关于数学课程标准的比较研究，旨在为基础教育数学职前教师、一线教师、在职培训教师、学校和地方的数学课程和教学负责人、教研员、教师教育的培训者、课程标准和教材的决策者和制定者，以及广大关注国际数学教育、关注数学课程改革的数学家、数学教育家、数学教育研究人员提供广阔的国际视野，了解更多国家的数学课程内容；同时，也为我国进一步发展和完善数学课程标准提供重要的参考和

借鉴价值,服务于我国的基础教育课程改革实践,进一步推动课程改革的理论研究和实践探索,为我国数学课程改革铺路架桥。

2. 立足本土、借鉴国际

在课程改革理论研究和实践探索的过程中,离不开借鉴别国的经验。其他国家在数学课程变迁中积累的经验、制胜的优势和存在的问题都是在课程改革的过程中沉淀的宝贵财富,无疑对我国的数学课程改革大有裨益,值得我们扬长避短、学习借鉴。本研究旨在用国际的视野看各国的数学课程,以全球的意识思考我国的数学课程,立足本土、借鉴国际,继承与发展我国数学课程。

3. 探寻国际中小学数学课程标准的异同

研究数学课程标准国际比较,是为了通过国际比较,揭示当前世界中小学数学课程标准中存在的一些共性与差异,借鉴别国的课程改革经验,取他人之长,促进我国的课程改革与发展;认识各国数学课程之间的普遍联系与差异,揭示隐藏在课程内部的本质性规律;促进国际数学课程的比较研究,加深各国之间的理解和交流,推动我国数学教育研究的发展。

该套丛书的出版希望能够为有志于研习数学教育理论,全面提高数学教学、科研水平、拓展国际视野的中小学教师、教研员、本科生、研究生提供有力的帮助。

北京师范大学数学科学学院教授
全国数学教育研究会理事长
2016 年 6 月

前　言

课堂是展开教学、实现学生学业成就发展的第一阵线,因而对数学教育相关议题的研究离不开对数学课堂的观察与反思、研究与探讨。

本书从关键教学行为的角度对中国、澳大利亚、法国、芬兰四个国家的中学数学课堂教学进行比较研究。研究对象的选取主要基于中学数学课堂教学行为词典项目(Lexicon项目),这是一个有十个国家合作参与的大型国际比较研究项目,中国是重要发起国,本丛书主编曹一鸣教授及作者本人是中方的主要参与者。Lexicon项目中的录像课均为各个国家的典型课堂录像。

本书采取以质性研究为主、兼有量化的混合研究方法,综合运用文献研究法、内容分析法、问卷调查法、访谈法、录像观察法、比较研究法等。首先对来自中国、澳大利亚、法国、芬兰的十节录像课进行基本量化研究,得出量化研究结论;进而在此基础之上整合相关文献、访谈等质性资料开展质性分析,得出质性研究结论;最后将质性研究和量化研究的结论进行整合,结合反思和深度解释以得到最终的研究结论。

研究的主要路径为:首先,基于 Lexicon 项目开发的中学数学课堂教学行为词典,结合视频审核和专家论证探寻中学数学课堂教学行为中的关键教学行为;进一步对教学行为进行关键性层级分类,得出中学数学课堂上关键性较高的几个教学行为。其次,针对在中国中学数学课堂中获取的几个关键教学行为,分别对TIMSS 1999澳大利亚数学组核心成员、*Teaching Mathematics in Australia: results from the TIMSS 1999 video study* 作者之一的希拉里·霍林斯沃思(Hilary Hollingsworth)博士、ICMI - 12 主席、法国巴黎第七大学的米谢勒·阿蒂格(Michèle Artigue)教授以及芬兰赫尔辛基大学行为科学研究所教师教育系马尔库·汉努拉(Markku Hannula)教授进行访谈,证实这几个待研究的教学行为也是其他几个国家中学数学课堂上的重点关切,以此建立进一步研究的基础。接着,采用三角互证的方法,包括调查者的三角互证、方法的三角互证、理论的三角互证,以确保在中国课堂教学情境中探寻的关键教学行为与其他国家的课堂关切具有高度一致性,从而奠定后续分析的可靠基础,并得到用于研究的几个关键教学行为,即学生听讲、学生做题、教师提问、师生互动。最后,借助 NVivo 软件进行录像编码,采用内容分析法对文献和访谈加以解读,分别对中澳法芬四个国家中学数学课堂中的几个关键教学行为展开分析,并进行国家间比较。

研究主要得出如下结论:

(1)学生听讲

这是各国课堂的主导学生行为,尤其在中国课堂中占比更高;高水平的学生听讲占比从高到低依次是中国、法国、芬兰、澳大利亚;低水平的学生听讲在中国课堂中几乎未发生。学生听讲勾勒出的课堂态势为:中国课堂中的听讲较为集中,澳法芬则相对发散;课堂首尾阶段澳法芬需要秩序监管,而中国课堂井然有序。

(2)学生做题

均以做练习题而非例题为主,例题倾向于由教师讲解;场域上,均以学生在座位上做题为主,少有场域的切换;中国课堂倾向于集体做题,澳法芬更强调学生独立或者小组合作做题;澳法芬课堂上,当学生独立完成教师布置的数学问题后,这些问题很少在全班作示范和讨论,这一点与中国迥异;"小步向前(small steps in teaching)"和"变式教学(variations in exercise)"是中国课堂做题的两大特色;澳法芬学生所做题目的生活性和实用性更强。

(3)教师提问

教师提问的次数方面,中国多于澳法芬;教师提问的对象方面,中国偏向对全班提问;各国教师提问均以低认知水平问题为主,占比从高到低依次是中国、法国、芬兰、澳大利亚;教师提问的话语量从高到低依次是中国、澳大利亚、法国、芬兰;各国高认知水平问题话语量大于低认知水平问题;澳法芬教师提问时,问题的详尽程度随着面向群体范围的扩大而增加,中国课堂则保持稳定。

(4)师生互动

各国课堂上的师生互动主要以师生问答为主,尤其是教师提问—学生回答的形式,这在中国课堂上尤为明显;中国课堂上师生之间的互动较为单一,表现出不均衡性,而澳法芬课堂上师生之间的互动形式多样;整体态势上,中国相对静态。互动模式 1(教师提问—学生回答)是各国主导的师生互动模式,尤其是中国,且在互动对象上迥异于澳法芬;互动模式 2(学生提问—教师回答)在中国课堂几乎缺失;互动模式 3(教师讲解—学生听讲)是知识传输的主要媒介,这在中国课堂上尤为明显;互动模式4(学生做题—教师提问)中的教师辅导,在中国课堂上主要表现为面向全班的集中讲解,体现出集体主义色彩,在澳法芬课堂上主要是个性化的、针对性的小组辅导或者个别辅导;互动模式5(课堂管理)在澳法芬课堂上是重要的师生互动形式,而在中国课堂上并不多见。

在国际比较的潮流下,本书聚焦对数学课堂教学中具体教学行为的比较,在提供针对性的教学改进方面,具有一定的实践指导意义;同时,丰富了已有数学课堂教学比较的研究路径与研究结果。

目　录

第一章／绪　论

第一节　研究背景

一、展开课堂教学国际比较研究的背景

近年来,大型国际比较测试与研究盛行。1994 年,国际教育成就评价协会(International Association for the Evaluation of Educational Achievement,简称 IEA)组织了第三次国际数学和科学研究(The Third International Mathematics and Science Study,简称 TIMSS),TIMSS 而后成为国际数学和科学趋势研究的缩写,持续进行着教育评价研究和水平测试活动。由经济合作与发展组织(Organization for Economic Co-operation and Development,简称 OECD)组织的针对 15 岁学生的国际学生评估项目(Program for International Student Assessment,简称 PISA)除了关注学生对学校课程的掌握情况之外,更关注到了学生面对实际生活挑战的能力。

大型国际测评项目的结果不断反映出国家间学生学业成就与表现的差异,引起各国高度重视,逐渐彰显出对各个国家教育的影响力[1]。课堂是展开教学、实现学生学业成就发展的第一阵线,因而对数学教育相关议题的研究离不开对数学课堂的观察与反思、研究与探讨。

数学教学的国际比较研究正日益受到重视,尤其是对跨文化课堂活动的比较

---

〔1〕 王鼎.国际大规模数学测评研究——基于对 TIMSS 和 PISA 数学测评的分析
　　[D].上海:上海师范大学,2016.

研究[1]。自 2000 年以来,由澳大利亚墨尔本大学国际课堂教学研究中心
(International Centre for Classroom Research,简称 ICCR)的大卫·克拉克(David Clarke)教授领衔主导、16 个国家和地区的近百名研究人员参与的"学习者视角的国际课堂教学研究"(The Learner's Perspective Study,简称 LPS)项目对多国数学课堂进行了深入思考与探究。在该项目出版的系列研究著作中,LPS - 1 从教师的视角出发,对十二个国家数学课堂教学展开了多角度的阐述[2];LPS - 2 中,多名研究人员从各自国家的教育制度出发,对本国与其他国家的数学课堂教学展开了比较研究[3];LPS - 3 讲述了数学任务作为数学学习者与数学内容之间的桥梁的重要作用及其不同呈现形式[4];LPS - 4 将关注的焦点转向学生,研究了各国数学课堂上学生的行为与表现[5];LPS - 5 充分运用 LPS 项目中的数据,对各个国家的代数课堂教学展开比较研究[6]。该项目产生了颇多有借鉴意义的研究成果,为国际数学课堂教学比较研究提供了"关注学习者"这一崭新视角。

笔者认为,国际数学课堂教学的比较缘起于国际测评反映出的国家间差距,本书所开展的研究亦缘起于国内外对数学课堂的关注愈发盛行,以及中外课堂教学比较研究的日渐流行。对国内外数学课堂教学进行研究与比较已逐渐成为借鉴他国相关成果和反思本国数学教育实践的有效工具之一。

二、关键教学行为的研究背景

自 LPS 研究范式与相关结果引起广泛关注以来,有研究者发现了跨文化研究

---

[1] 克拉克 D,曹一鸣,李娜.跨文化数学教学比较研究中的七大困境[J].数学教育学报,2014,23(4):13 - 15.

[2] CLARKE D, KEITEL C, SHIMIZU Y. Mathematics classrooms in twelve countries: the insider's perspective[M]. Rotterdam: Sense Publishers, 2006.

[3] CLARKE D, EMANUELSSON J, JABLONKA E, MOK I A C. Making connections: comparing mathematics classrooms around the world [M]. Rotterdam: Sense Publishers, 2006.

[4] SHIMIZU Y, KAUR B, HUANG R, CLARKE D. Mathematical tasks in classrooms around the world[M]. Rotterdam: Sense Publishers, 2010.

[5] KAUR B, ANTHONY G, OHTANI M, CLARKE D. Student voice in mathematics classrooms around the world[M]. Rotterdam: Sense Publishers, 2013.

[6] LEUNG F, PARK K, HOLTON D, CLARKE D. Algebra teaching around the world[M]. Rotterdam: Sense Publishers, 2014.

过程中的固有困境之一：课堂活动的多样性造成一些活动术语缺失[1]。为此，曹一鸣教授和大卫·克拉克教授联合来自中国、澳大利亚、美国、日本、法国、德国、芬兰、智利、捷克、韩国十个国家(韩国在项目中后期加入，后文提及九个国家时不包括韩国)的研究人员，发起了中学数学课堂教学行为词典项目(Lexicon Project：Analysing pedagogical naming systems from different cultures to reconceptualise classroom practice and advance educational theory)，笔者也是该项目中方的核心成员之一。该项目由澳大利亚研究理事会(Australia Research Council，简称ARC)提供资金支持，目的是对各国的中学数学课堂教学术语、行为、事件等进行梳理，厘清其概念，关注各国对其描述与定义之间的异同，最终建立国际中学数学课堂教学行为词典。

Lexicon项目在除韩国外的九个国家各挑选一名优秀教师进行教师机位、学生机位、全班全景机位的三个角度教学录像拍摄，连续拍摄三节课，并选取第三节课作为研究对象的组成部分之一。这一研究在设计上与LPS项目有共通之处，即契合项目的具体需求，表现出该项目本身所选取研究对象的特征。

作为本研究的重要缘起与基础，Lexicon项目立足国家间课堂教学的差异，试图以一个新的角度展开国际比较研究，即从语言学的视角出发，探究英语国家(澳大利亚、美国)及非英语国家(中国、德国、日本等)课堂中的教学行为，为跨文化的比较与相互借鉴和学习提供契机，促进各国课堂教学的实践与研究以及教育理论的整合与丰富。本书所作研究正是在此基础之上的进一步深化。

研究教学行为，完善教师教学行为品质，是教师成为现代教育教学理念促进者最为基础的、也是最重要的条件[2]。为了获知中学数学课堂教学行为对于课堂的影响力，本研究在Lexicon项目获得的教学行为列表基础之上，进一步对中学数学课堂中教学行为的关键性进行层级研究。

对于教学行为的关键性层级研究受启发于国内外对关键教育事件的研究。自2005年以来，上海市教育科学研究院由顾泠沅教授领衔，对关键教育事件进行了系统研究。上海市长宁区教育学院借鉴国内外关于"关键事件""关键教学事件"等一系列理性探索和实践尝试，在国内较早开展了以课堂教学为主的关键教育事件

---

〔1〕 克拉克 D，曹一鸣，李娜.跨文化数学教学比较研究中的七大困境[J].数学教育学报，2014，23(4)：13-15.

〔2〕 张昆，曹一鸣.完善数学教师教学行为的实现途径[J].数学教育学报，2015，24(1)：33-37.

的教师教育行动研究,并展开了相关研修专题培训[1-2]。课堂中的关键事件以及关键教学行为(critical pedagogical behavior,下文简称 CPB)对整个课堂的高效有序运行以及学生知识习得发挥着重要作用,本研究的目的在于探寻中学数学课堂教学中的 CPB。

三、确定研究对象的背景依据

早在法国大革命爆发之前,法国教育就已在西欧处于前列,各种类型的学校、学院和大学基本构成了一个较完整的教育体系[3],是世界范围内较早建立完备教育体系的国家之一。法国有着悠久的数学文化传统,出现过笛卡尔(Descartes)、费马(Fermat)、庞加莱(Poincaré)、拉格朗日(Lagrange)、柯西(Cauchy)、拉普拉斯(Laplace)、傅里叶(Fourier)等著名数学家,其中法国优秀的数学基础教育不可忽视。如此一个较早形成的、较完备的教育体系,其学校教育中的数学课堂教学实践表征引起研究者的广泛兴趣,此为进行法国课堂教学研究的缘起之一;作为一个长期"以数学取士"[4]的国家,其数学课堂教学的关注点与实践状况是研究法国课堂教学的原因之二;另一个主要原因在于,著名教育家蔡元培先生认为,在世界各国之中,法国文化与中国最相契合[5]。源于此,研究假设有着浓厚中央集权体制[6]色彩的法国教育体系下的法国课堂与中国课堂存在诸多共通之处,本研究亦是对这一假设的检验。

20 世纪 90 年代,联合国为纪念 1990 年"国际扫盲年",对 31 个国家 9 岁和 14 岁的学生进行识字能力调查,在两个年龄段的调查结果中,芬兰都居榜首[7],自

〔1〕 汤立宏.关注关键教育事件 优化教师教育教学行为[J].中小学管理,2006 (12):30-32.

〔2〕 沈民冈,汪泠淞.基于"关键教育事件"教师教育的行动研究综述[J].上海教育科研,2010(4):8-11.

〔3〕 吕一民,钱虹,汪少卿,应远马.法国教育战略研究[M].杭州:浙江教育出版社,2014.

〔4〕 蒲淑萍.法国中学数学教材的特色及启示[J].外国中小学教育,2012(8):53-59.

〔5〕 周谷平.蔡元培与法国教育管理模式的移植及其启示[J].高等教育研究,2005,26(2):87-92.

〔6〕 刘敏.以教师流动促进教育均衡——法国中小学师资分配制度探析[J].比较教育研究,2012,34(8):51-55.

〔7〕 赵广俊,冯少杰.当今芬兰教育概览[M].郑州:河南教育出版社,1994.

此以来,芬兰教育表现出的卓越性受到普遍关注。《全球竞争力报告(2016～2017)》显示,芬兰基础教育质量全球排名第一,教育体系质量排名第三,数学和科学教育质量排名第二,基础教育综合评分排名第一。加之芬兰在 PISA 测试中交出的卓越成绩单,芬兰教育持续引起国际社会的广泛关注,获得"世界教育强国"的赞誉[1]。在这一背景之下,国内外掀起一股"芬兰热"。但是,追捧中伴随着误读,并且对于芬兰的研究多为理念介绍,欠缺对其课堂教学的研究,此为本研究选取芬兰为研究对象的重要原因之一。

教育要面向现代化,面向世界,面向未来。其中,"面向世界"强调了将我国教育研究与国际研究并轨的必要性。如此,既可以审视我国数学课堂教学实践的经验和不足,又可以总结他国课堂教学的经验与教训,认识当今世界他国的教育现状,这对于反思和提升我国课堂教学实践具有积极意义。

第二节　问题提出

紧扣"基于中国、澳大利亚、法国和芬兰四国的课堂教学实践,探寻中学数学课堂教学中的 CPB 并进行跨国比较"这一研究目标,本研究将研究重心定位于探寻 CPB、研究 CPB 的课堂表征,并将研究问题分为以下两部分:

问题1 中学数学课堂上的 CPB 及其关键性层级分布如何?

进一步地,将问题1细分为:

(1) 中学数学课堂教学中的 CPB 有哪些?

(2) 这些 CPB 的关键性是如何表现出来的?

(3) 中学数学课堂教学中的教学行为是否具有关键性层级分布以及如何分布?

(4) 中国中学数学课堂教学中的 CPB 是否与澳大利亚、法国和芬兰的 CPB 具有共通之处?

问题1的解决有赖于 Lexicon 项目,是在此项目获得的教学行为列表基础之

---

[1] 康玥媛,沙赫斯庄姆 F.芬兰高中课程改革及高中数学课程标准评介[J].数学教育学报,2013,22(4):11-15.

中澳法芬数学课堂
教学比较研究

上的进一步探寻。

问题 2　CPB 在中国、澳大利亚、法国和芬兰四个国家中学数学课堂上的表现形式是怎样的？

进一步地，将问题 2 细分为：

（1）CPB 在中国中学数学课堂上的表现形式是怎样的？

（2）CPB 在澳大利亚中学数学课堂上的表现形式是怎样的？

（3）CPB 在法国中学数学课堂上的表现形式是怎样的？

（4）CPB 在芬兰中学数学课堂上的表现形式是怎样的？

（5）中国、澳大利亚、法国和芬兰四个国家在 CPB 表征上的共性和个性分别有哪些？

NViovo 软件及质性研究方法将助力于问题 2 的解决。在研究素材方面，用于研究问题 2 的课堂教学录像部分取自 Lexicon 项目，另有一些来自 TIMSS 1999 中关于澳大利亚课堂教学的录像，以及中学数学教学体制设定（Middle-school Mathematics and the Institutional Setting of Teaching,简称 MIST）项目中的中国录像课；法国和芬兰在已有一节 Lexicon 录像课的基础之上，以期结合文献分析促进研究问题的解决。由此可见，问题 2 中的研究素材选取表现出不对称性。

第三节　研究意义

从问题解决的角度来看，本研究的意义主要表现为：新颖的研究视角将对当前数学教育研究，尤其是课堂教学研究作进一步的补充和完善；跨文化的比较，尤其是对于法国和芬兰的研究进一步完善了当前国际课堂教学比较领域的已有成果；课堂教学的研究，尤其是对几个国家优秀课堂实践的研究对于指导教学改进具有一定的借鉴和启发意义。

一、从新视角出发

当前国际比较已经囊括了相当丰富的内容，而本研究将从一个新的视角展开对数学课堂教学的研究与国际比较,即关注发生在数学课堂中的 CPB。笔者在文献阅读中发现,对数学课堂中发生的事件的研究有很多,却鲜见对关键事件或者 CPB 的研究,故而本研究具有一定的首创意义,具体表现为:试图给出 CPB 的操作性定义并对界定下的 CPB 展开研究、分析与论证,有系统、有依据地展开对中学数学课堂教学的研究;对 CPB 的整理与确定从一定程度上可以解释为什么当前数学教育领域关于数学课堂的研究相对集中在评价以及教师行为等方面,而后续的研究将论证这些均为中国中学数学课堂教学中的 CPB。

本研究从 CPB 出发,将其视为切入点和落脚点来比较多国中学数学课堂教学;从 CPB 的角度展开关于课堂结构的梳理与构建,并对 CPB 在中学数学课堂教学中的贯彻与落实提供策略。

二、促进教学改进

教学改进不是盲目地"全面"改进,还是有针对性地对关键之处以及薄弱环节加以改进。CPB 的研究为针对性的教学改进提供了更强的操作性。

本研究依据课堂录像分析以及对国内外数学教育领域专家、学者、优秀教师的问卷调查和访谈,确定中学数学课堂上 CPB 的相关特点,具体为[1]:

(1) 在课堂中用得较多;

(2) 教师较为关注;

(3) 一节课成功的要素;

(4) 需要教师投入更多的精力来准备;

(5) 对学生学习更为重要;

(6) 优秀教师必备的重要特质;

(7) 能够反映国家课程改革的精神。

可以看出,在这方面的关注与研究对于教师成长、学生发展,进而优化课堂、助力教学改进、推广优秀教学经验有着至关重要的作用,且对深化和拓展课程改革精神意义重大。

此外,建立基于 CPB 的课堂教学结构,在提升 CPB 关注度的同时可以关注到与之相关的其他教学行为,为 CPB 的提升提供更为具体、可操作的方向性指导,有针对性地促进教学改进。

---

[1] 来自与克拉克教授以及曹一鸣教授的讨论。

三、跨国比较的多维意义

关于课堂中具体教学行为的研究对教学改进的意义不言而喻,那么研究为什么要聚焦跨国比较而非仅仅审视本国的课堂教学呢?这是本研究的另一个意义所在:跨国比较在扩展视野,批判性地消化和吸收他国课堂教学实践经验,审视与反思本国教学实践等方面具有重大意义和作用。在 TIMSS 1999 的研究报告中,详细论述了进行跨国课堂教学比较研究的意义:更加清晰地呈现本国课堂教学实践;探寻新的、可能的开展课堂教学的方式;促进本国展开对课堂教学方式的探讨;深化教育者对于教学的理解[1]。

本研究进行跨中国、澳大利亚、法国和芬兰四国的课堂教学比较,有着如下四方面的意义。

第一,对我国课堂教学实践将有更为充分的理解。跨文化比较研究的一个显而易见的结果就是通过观察他国的教学实践,重新审视和关注基于本国文化传统的具体实践。在本研究中,进行跨国的 CPB 研究有助于对发生在我国中学数学课堂教学中的 CPB、与之相关的其他教学行为等产生更为深入的认识。

第二,开阔视野。对他国课堂教学的分析与介绍,有利于促进各国关于课堂教学实践的了解和认识;有利于开阔视野,增进理解,了解国际课堂教学实践现状和趋势,趋利避害,博采众长,从而加深对本国课堂教学的认识。

第三,促进其他可能的课堂教学实践方式的探索和思考。各个国家的课堂教学因其长期的社会和文化背景而表现出一定的模式,通过深度比较、审视与反思,批判性地消化与吸收他国实践经验,甚至可对其作适当引进以完善本国课堂教学,这一过程使得我们有可能为本国的课堂教学实践创设新的实现途径。

第四,深化研究者对课堂教学的理解。通过近距离观察课堂,尤其是优秀教学实践中具体教与学的行为,使得研究者有可能探寻得到优秀的教学实践模式,并在此基础上深化对课堂教学内涵的理解。

综上所述,该问题的研究与解决不仅具有一定的理论意义,同时具有可观的实践层面上的意义。

---

〔1〕 HIEBERT J, GALLIMORE R, GARNIER H, et al. Teaching mathematics in seven countries: results from the TIMSS 1999 video study[R]. Washington, D. C.: U. S. Department of Education, National Center for Education Statistics, 2003.

第二章／国内外研究概述

第一节　国内外研究现状述评

一、数学课堂教学研究现状

（一）课堂教学国际比较研究的关注热点

国际比较是当前数学课堂教学研究的新趋势。当前数学教育领域的国际比较内容愈加丰富，包括关于教材内容及难易程度的比较（高文君、鲍建生，2009[1]；叶立军、王晓楠，2012[2]；郭民，2007[3]），课程标准的比较（刘长明、孙连举，2002[4]；杨新荣、宋乃庆，2005[5]；康玥媛、曹一鸣，2013[6]；郭衎、曹一鸣，

---

[1] 高文君，鲍建生.中美教材习题的数学认知水平比较——以二次方程及函数为例[J].数学教育学报，2009，18(4)：57-60.

[2] 叶立军，王晓楠.中美高中数学教材比较研究——以"几何概型"为例[J].数学教育学报，2012，21(2)：49-52.

[3] 郭民.中美两国高中数学课程中统计和概率内容标准比较[J].外国教育研究，2007，34(9)：37-40.

[4] 刘长明，孙连举.中美两国数学课程标准中初中学段"空间与图形"领域的内容标准之比较[J].数学教育学报，2002，11(4)：49-52.

[5] 杨新荣，宋乃庆.中美高中学段数学课程标准几何内容的比较研究[J].数学通报，2005，44(8)：14-16.

[6] 康玥媛，曹一鸣.中英美小学和初中数学课程标准中内容分布的比较研究[J].课程·教材·教法，2013，33(4)：118-122.

2012[1]),学业评价的比较(陈吉,2012[2]),课堂提问的比较(周莹、王华,2013[3])等。在中美方面,有关于数学任务的比较(邵珍红,2015[4]),学生学习方式的比较(宫海静、邵珍红,2015[5]),教师数学教学知识的比较(曹一鸣、郭衍,2015[6]),课堂提问的比较(阮彩霞,2007[7])等。

国际比较不可避免地需要考虑文化差异,也就存在一些必然要面对的困境。大卫·克拉克提出了进行跨文化的数学教学比较时易被忽略且值得注意的几个问题,并总结出了七大困境:将统一标准用于不同文化;统一性与独特性;同一活动的标准一致性问题;对于课堂活动形式和功能的关注;教学语言或课堂语言文化的差异;课堂活动多样性造成活动术语的缺失;教与学联系的割裂[8]。

(二) 课堂教学行为研究的关注热点

课堂教学是一个包含多种互动要素的系统,具有层级性结构[9],对其的研究有很多切入点,且需要对多方面作统筹考虑。国内外关于中学数学课堂教学的研究既有从整体角度对课堂进行剖析,也有从课堂教学的某一个角度切入而进行的研究。

国外对课堂教学行为的研究著述颇丰。梅利莎(Melissa)等研究了课堂环境与

[1] 郭衍,曹一鸣.数学课程中信息技术运用的国际比较研究——基于中国等十四国小学初中数学课程标准的研究[J].中国电化教育,2012(7):108-113,142.

[2] 陈吉.基于标准的大规模数学学业评价之命题研究——中美比较[D].上海:华东师范大学,2012.

[3] 周莹,王华.中美中学数学优秀教师课堂提问的比较研究——以两国同课异构的课堂录像为例[J].数学教育学报,2013,22(4):25-29.

[4] 邵珍红.中美初中课堂中数学任务特征的比较研究[J].比较教育研究,2015,37(2):102-107.

[5] 宫海静,邵珍红.从学生的学习方式看中美差异[J].现代中小学教育,2015,31(2):118-121.

[6] 曹一鸣,郭衍.中美教师数学教学知识比较研究[J].比较教育研究,2015,37(2):108-112.

[7] 阮彩霞.中美课堂提问的比较研究——从两个课堂教学案例引发的思考[J].江西教育科研,2007(6):97-100.

[8] 克拉克D,曹一鸣,李娜.跨文化数学教学比较研究中的七大困境[J].数学教育学报,2014,23(4):13-15.

[9] 李松林.课堂教学行为分析引论[J].教育理论与实践,2005,25(4):48-51.

动机以及成就的关系[1];卢西恩(Lucian)研究了通过任务构建以促进课堂交流[2];伦纳德(Leonard)系统介绍了数学课堂的文化方面[3];科金(Cocking)考察了语言、认知、交流、文化、公平等多要素对发生在数学课堂中的数学学习的影响[4];纳尔逊(Nelson)从国际视角对数学课堂上跨文化教学问题进行了分析与研究[5];等等。

研究教学行为,完善教师教学行为品质,是教师成为现代教育教学理念促进者最为基础的、也是最重要的条件[6]。国内研究者做了大量相关研究:张建琼描述并分析了国内外课堂教学行为的相关研究[7];蔡宝来等对国外教师课堂教学行为研究的热点问题及发展趋势进行了思考与分析,发现国外研究方法越来越多元,注重情境变化和复杂性行为的研究,且更加关注学生的学习行为[8];盖立春等通过研究课堂教学行为,发现教师行为和学生行为往往呈现出"树形分叉"结构,并探析了课堂教学行为研究的三种范式及其基本问题,即"过程—结果"范式消隐以及"认知—对话"范式和"情境—生态"范式复兴[9];李莉等探讨了教师课堂教学行

［1］ GILBERT M C, MUSU-GILLETTE L E, WOOLLEY M E, et al. Student perceptions of the classroom environment: relations to motivation and achievement in mathematics [J]. Learning environment research, 2014, 17(2): 287 - 304.

［2］ OLTEANU L. Construction of tasks in order to develop and promote classroom communication in mathematics [J]. International journal of mathematical education in science and technology, 2015, 46(2): 250 - 263.

［3］ LEONARD J. Culturally specific pedagogy in the mathematics classroom: strategies for teachers and students[M]. New York: Routledge, 2008.

［4］ COCKING R R, MESTRE J P. Linguistic and cultural influences on learning mathematics[M]. New York: Routledge, 1988.

［5］ NELSON D, JOSEPH G, WILLIAMS J. Multicultural mathematics: teaching mathematics from a global perspective[M]. Oxford: Oxford University Press, 1993.

［6］ 张昆,曹一鸣.完善数学教师教学行为的实现途径[J].数学教育学报,2015, 24(1): 33 - 37.

［7］ 张建琼.国内外课堂教学行为研究之比较[J].外国教育研究,2005,32(3): 40 - 43.

［8］ 蔡宝来,车伟艳.国外教师课堂教学行为研究:热点问题及未来趋向[J].课程·教材·教法,2008,28(12): 82 - 87.

［9］ 盖立春,郑长龙.课堂教学行为研究的三种范式及其基本问题[J].课程·教材·教法,2010,30(11): 33 - 38.

为与学生参与的关系[1]；黄慧静等采用 TIMSS 2003 的数据对教师课堂教学行为与学生学业成就的关系进行了论证与研究，发现了影响学生学业成就的相关要素[2]。

二、录像研究视角下的关注焦点

自录像研究兴起以来，愈发体现出其优于课堂观察的优势。由于课堂教学录像能够有效记录发生在课堂上的各个事件，因此对录像的研究可以更忠实地对这些事件展开分析，在教学质量监测与评价中具有重要作用[3]。

通过查阅、解读相关文献，笔者发现对数学课堂教学录像的研究在内容上主要关注教师的教学行为、教学语言、师生互动以及学生参与。

（一）教师的教学行为

关于教师课堂教学行为的研究是当前录像研究的主要着眼点之一。曹一鸣等基于两位数学教师的课堂教学录像，通过对数学课堂上的启发式教学行为进行编码和分析，发现这两位教师进行启发式教学的策略具体表现为：铺垫构建"脚手架"；实现多种途径帮助学生理解、分析问题；及时评价，让学生掌握相关学习内容[4]。张敏霞采取 S－T 等分析方法，从关注学生和关注教师并重的角度对高中数学课堂教学行为展开研究，得到当前高中数学课堂教学行为的特征，并对教师教学提出相关建议[5]。

叶立军等以录像分析为背景，对教师的课堂提问展开了以下几方面的研究：关注到优秀数学教师的课堂提问能力，发现优秀教师善于大量追问并形成"问题链"，善于引导学生作答，激发学生的高认知思维，提高学生参与度[6]；研究教师

[1] 李莉,白云阁,徐少冈,王耘.教师课堂教学行为与学生课堂参与的关系——基于问卷调查的心理学实证研究[J].教学研究,2010,33(5)：13－16.

[2] 黄慧静,辛涛.教师课堂教学行为对学生学业成绩的影响：一个跨文化研究[J].心理发展与教育,2007(4)：57－62.

[3] 何光峰.录像课分析在教学质量监测与评价中的应用[J].教育科学研究,2014(4)：5－9,30.

[4] 曹一鸣,李俊扬,克拉克 D.数学课堂中启发式教学行为分析——基于两位数学教师的课堂教学录像研究[J].中国电化教育,2011(10)：100－102.

[5] 张敏霞.技术支持下的高中数学课堂教学行为研究[J].中国电化教育,2012(6)：63－68.

[6] 叶立军,周芳丽.基于录像分析背景下的优秀数学教师课堂提问能力的研究[J].数学教育学报,2014,23(3)：53－56.

的提问方式,提出提高数学课堂提问有效性的一些注意事项[1];基于录像分析,展开对统计课堂教学提问[2]和代数课堂教学提问[3]的研究;研究教师提问之后留给学生进行思考的"等待时间",认为"等待时间"与教学任务、提问类型、学生参与度和参与层次以及学生的认知水平有着密切联系,应当具体问题具体分析[4]。

黄丹妮等从机械性提问、记忆性提问、解释性提问、推理性提问、创造性提问、评价性提问和管理性提问的角度对两位教师的课堂教学提问进行了编码和分析[5];何光峰等从教师的教学行为与其观念之间的落差这一角度对课堂录像展开研究,使课堂录像能更好地发挥其修正实践、指导实践的作用[6];李国强等运用录像分析、课堂观察等方法,研究了新课程背景下教师信念对教学行为的影响[7]。

关注教师的课堂教学行为,有必要研究教师的"有效教学",课堂录像分析的方法同样有助于教师"有效教学"的研究。郭绍青等将课堂教学行为进行分解,对"有效教学"进行编码,提出了适合"有效教学"课堂录像分析的混合式评价方法[8]。

(二)教师的教学语言

于江华等通过视频分析,提出了优化数学课堂教学语言的相关策略:合理使用简单性提问;表达清晰,语速适中;合理使用提示性提问;鼓励学生给出支持其答案的理由[9]。

---

〔1〕 叶立军,周芳丽.基于录像分析背景下的教师提问方式研究[J].教育理论与实践,2012,32(5):52-54.

〔2〕 叶立军,李燕.基于录像分析背景下的初中统计课堂教学提问研究[J].数学教育学报,2011,20(5):52-54.

〔3〕 叶立军,胡琴竹,斯海霞.录像分析背景下的代数课堂教学提问研究[J].数学教育学报,2010,19(3):32-34.

〔4〕 王运庆,叶立军.基于录像分析背景下数学课堂教学中"等待时间"的探析[J].新课程研究,2010(6):108-110.

〔5〕 黄丹妮,崔伟啟.基于录像课分析的数学课堂"问题"研究[J].中学数学研究,2015(3):2-4.

〔6〕 何光峰,高欣.初中数学教师教学观念与教学行为的落差分析——基于十五节初中数学课堂教学录像的分析[J].数学教育学报,2013,22(3):24-27.

〔7〕 李国强,邵光华.新课改背景下教师信念对教学行为影响的研究——基于课堂活动精细分析的视角[J].课程·教材·教法,2009,29(10):80-83,93.

〔8〕 郭绍青,张绒,马彦龙."有效教学"课堂录像分析方法与工具研究[J].电化教育研究,2013(1):68-72.

〔9〕 于江华,叶立军.基于视频案例的初中数学课堂教学语言的优化策略研究[J].新课程研究,2010(2):189-192.

（三）师生互动

一些研究通过课堂教学录像来分析数学课堂上的师生互动。曹一鸣等依托 LPS 项目的课堂录像资料对师生互动行为主体类型进行了研究,发现主要的类型有师个互动、师组互动、师班互动、交叉互动,其中师班互动是主要类型,师组互动缺乏,所有师生互动均由教师发起且师班互动与师个互动交错进行[1]。同样是基于 LPS 项目课堂录像资料,曹一鸣等还从师生互动角度对中学数学课堂师生话语权进行了量化研究,发现中国与国际平均水平之间没有显著差异,但是不同教师数学课堂上的师生话语容量存在显著差异[2]。

潘亦宁等构建了"圆与圆的位置关系"课堂实录分析矩阵,对六节初中数学课堂上的师生互动展开研究,得出教师仍掌握着课堂的主要话语权,师生互动缺乏实质,互动类型单一等结论[3]。

（四）学生参与

斯海霞等通过分析初中数学课堂教学录像,总结得出初中生参与数学课堂的特点:学生应答行为发生最频繁;学生集体回答次数远多于学生独立应答次数;学生应答和课堂练习所占时间最长;在课堂练习阶段,学生参与行为出现的次数最多;学生在课堂上极少提问[4]。

三、国际数学课堂教学研究

（一）LPS 项目中的国际比较

在 LPS 项目的系列研究成果中,莫克(Mok)对澳大利亚课堂和中国上海课堂中关于任务的学习这一教学行为进行了研究,发现上海课堂中的任务比澳大利亚

〔1〕 曹一鸣,贺晨.初中数学课堂师生互动行为主体类型研究——基于 LPS 项目课堂录像资料[J].数学教育学报,2009,18(5):38-41.
〔2〕 曹一鸣,王玉蕾,王立东.中学数学课堂师生话语权的量化研究——基于 LPS 项目课堂录像资料[J].数学教育学报,2008,17(3):1-3.
〔3〕 潘亦宁,王珊,刘喻,唐洪秀.初中数学课堂上的师生互动研究——基于视频案例的分析[J].教育理论与实践,2015,35(8):59-61.
〔4〕 斯海霞,叶立军.基于视频案例下初中数学课堂学生参与度分析[J].数学教育学报,2011,20(4):10-12.

课堂中的多,也更加复杂;上海课堂上小组讨论更少,表现出明显的教师主导特征[1]。梅西蒂(Mesiti)比较并分析了中国、澳大利亚以及另外三个国家数学课堂上数学任务的功能[2];大卫·克拉克等借助 LPS 项目中的视频资料,描述并比较了包括中国和澳大利亚在内的多个国家数学课堂上的对话行为,探析了学生在数学表达方面的具体操作及其影响[3],并对世界多国中学数学几何课堂教学进行了比较分析[4]。

康玥媛等对中国、澳大利亚以及芬兰数学课程标准中的内容分布展开了分析与讨论,总结得出各国在内容数量、结构框架、详略程度、要求程度、内容分布和变化等方面的特点并进行了比较[5];曹一鸣等将 LPS 项目和 TIMSS 1999 中的录像资料作了联结和比较,并选取部分录像探寻数学与现实生活之间的联系[6]。基于 LPS 项目课堂录像资料的其他研究在前文已有所提及,故不再赘述。

(二) 对澳大利亚数学教育的研究

郭玉峰等分析了澳大利亚 Mathscape 数学教材,发现该版本教材注重练习的

---

[1] MOK I A C. Comparison of learning task lesson events between Australian and Shanghai lessons[M]//SHIMIZU Y, KAUR B, HUANG R, CLARKE D. Mathematical tasks in classrooms around the world. Rotterdam: Sense Publishers, 2010: 119 - 144.

[2] MESITI C, CLARKE D. A functional analysis of mathematical tasks in China, Japan, Sweden, Australia and the USA: voice and agency[M]//SHIMIZU Y, KAUR B, HUANG R, CLARKE D. Mathematical tasks in classrooms around the world. Rotterdam: Sense Publishers, 2010: 185 - 216.

[3] CLARKE D, XU L H, WAN M E V. Spoken mathematics as an instructional strategy: the public discourse of mathematics classrooms in different countries[M]//ANTHONY G, KAUR B, OHTANI M, CLARKE D. Student voice in mathematics classrooms around the world. Rotterdam: Sense Publishers, 2013: 13 - 31.

[4] LEUNG F K S, CLARKE D, HOLTON D, PARK K. How is algebra taught around the world? [M]//LEUNG F K S, PARK K, HOLTON D, CLARKE D. Algebra teaching around the world. Rotterdam: Sense Publishers, 2014: 1 - 15.

[5] 康玥媛,曹一鸣,许莉花,克拉克 D.中、澳、芬数学课程标准中内容分布的比较研究[J].教育学报,2012,8(1):62 - 66.

[6] 曹一鸣,许莉花.数学与现实生活联系的度是什么——基于中国 4 位数学教师与 TIMSS 1999 录像研究的比较[J].中国教育学刊,2007(6):60 - 62,68.

层次性[1];研究了澳大利亚课程的变化及其特点[2];并对中澳两国高中数学课程的难易程度作了量化研究[3]。章勤琼等介绍了澳大利亚的个性化教学[4]、"新高考"制度[5]以及数学课程改革[6],得到中澳在数学教育以及课堂教学方面的差异;并从数学教师教学能力的角度对中澳两国数学教师进行了比较研究[7]。康玥媛介绍并分析了澳大利亚的数学课程标准,对其内容和具体要求的介绍以及组织结构、基本理念等特点的陈述为我国课程改革带来了一定的启示[8]。

(三) 对法国教育的研究

国内对于法国教育的评价众多,尤其是关于解读法国教育战略以及国家教育方针政策的专著颇丰。例如,吕一民等著的《法国教育战略研究》对法国教育战略历史演进作了介绍;王晓宁等执笔的《法国基础教育》深入、细致地介绍并研究了法国教育及其发展路径;霍益萍在《法国教育督导制度》中介绍了法国教育督导制度的历史、现状和发展趋势;赖新元主编的《法国中小学教育特色与借鉴》立足法国校内教育实践,生动具体地描绘了法国课堂教学特色,对我国中学课堂教学具有丰富的启示作用。

[1] 郭玉峰.澳大利亚 Mathscape 教材特点分析及思考[J].课程·教材·教法,2006,26(1):92-96.

[2] 郭玉峰,由岫.澳大利亚数学课程的最新变化、特点及启示[J].课程·教材·教法,2012,32(3):118-121.

[3] 郭玉峰.中澳高中数学课程难度的量化研究[J].中国教育学刊,2014(4):73-78.

[4] 章勤琼,谭莉,斯蒂芬斯 M.澳大利亚数学课堂中的个性化教学及启示[J].数学教育学报,2013,22(6):49-52.

[5] 章勤琼,斯蒂芬斯 M.澳大利亚"新高考"制度评析及启示[J].外国中小学教育,2015(7):30-35.

[6] 斯蒂芬斯 M,章勤琼.中澳美的经济变革与数学课程改革方向[J].数学教育学报,2010,19(5):4-7.

[7] 章勤琼,徐文彬,斯蒂芬斯 M.新课程背景下中澳两国数学教师教学能力的比较研究——以加强数与代数学习之间的衔接为例[J].课程·教材·教法,2011,31(11):59-65.

[8] 康玥媛.澳大利亚全国统一数学课程标准评析[J].数学教育学报,2011,20(5):81-85.

　　另有数篇文献对法国教育的多个方面作了梳理与介绍,包括教育理念与政策[1]、初等教育[2]、高等教育[3]、教师培训[4]等。关注法国课堂教学的研究主要聚焦在"共同基础"[5]"做中学"[6]、跨学科学习[7]、研究性学习[8]等方面。而专门针对法国数学教育的研究主要集中在对教材的解读上[9],从中可发现法国数学教材的特点。

　　作为空想社会主义思想的发源地,有研究者对法国空想社会主义思潮下的教育思想进行了解读,阐述了启蒙思想家的平等、自然主义教育观以及国家主义教育观[10],是法国当代教育思想与理念的重要来源之一。

(四) 对芬兰教育的研究

　　芬兰教育持续引起国际社会的广泛关注,其中多以政策层面的分析为主。例如,帕思·萨尔伯格(Pasi Sahlberg)的著作《芬兰道路:世界可以从芬兰教育改革中学到什么》是研究芬兰教育的权威著作,在世界范围内有较大影响力,也是中国研究者深入了解芬兰教育体制的一个重要途径;赵广俊、冯少杰于 1994 年所著的《当今芬兰教育概览》是我国关于芬兰教育的最早研究论著;康建朝、李栋执笔的《芬兰基础教育》对芬兰教育的历史与现状,尤其是新国际形势下的芬兰教育作了

〔1〕 汪凌.掌握知识和能力的共同基石——法国基础教育课程改革趋势[J].全球教育展望,2001(4):32-39.

〔2〕 王晓辉.新世纪法国基础教育改革举措[J].中国教育学刊,2012(8):88-92.

〔3〕 周谷平.蔡元培与法国教育管理模式的移植及其启示[J].高等教育研究,2005(2):87-92.

〔4〕 刘敏.以教师流动促进教育均衡——法国中小学师资分配制度探析[J].比较教育研究,2012,34(8):51-55.

〔5〕 王晓宁,张梦琦.法国基础教育[M].上海:同济大学出版社,2015.

〔6〕 尹后庆.我所看到的法国"做中学"科学教育活动[J].上海教育科研,2002(3):4-9.

〔7〕 李丽桦.发现之路——法国初中的跨学科学习[J].上海教育科研,2003(10):59-63.

〔8〕 霍益萍."研究性学习"在法国[J].教育发展研究,2000(10):21-23.

〔9〕 张玉环,吴立宝,曹一鸣.法国初中数学教材特点剖析及启示[J].数学教育学报,2016,25(6):32-37.

〔10〕 詹真荣,张健.论法国空想社会主义的教育思想[J].社会主义研究,2014(5):115-119.

系统介绍。除此之外,还有对课程设置[1]、课程改革[2]、教育政策[3]、芬兰经验推广[4]等方面的研究。

根据已有文献以及芬兰教育委员会官方网站相关信息,芬兰于 1970 年首次发布国家课程标准,并于 1970 年—1977 年进行综合学校改革,之后大约每 10 年进行一次课程改革。1985 年首次对基础教育国家核心课程标准进行改革,正是从这次改革开始,芬兰国家课程标准逐渐将权力下移,这一"去中心化"的变革保证了地方和学校在课程制定上拥有一定的决定权。1994 年的课程改革发布了芬兰国内第一个"不具体"的课程标准,地方、学校和教师需要在该课程标准的指导下进行更多课程开发与调试,教师有了更多的自由和探索的空间。2004 年的课程改革延续了前一次的特点并作了进一步深化,使教师从读国家课程标准过渡到写各自学校的课程标准,学校和教师需要投入更多的时间与精力用于解读国家课程标准,并在此基础之上开发学校课程。

几十年的改革之路充分体现了芬兰教育从"中心化"过渡到"去中心化"的特点,地方教育系统不断被赋予更多的自治权,学校和教师成为课程制定与实施的决策者,当下芬兰正在努力践行的现象教学正是这一平稳过渡过程中的产物。

芬兰人民始终秉承着共享教育理念。关于这一点,王悦芳在《芬兰基础教育改革的逻辑与理念》中指出,这些理念具体包括:崇尚教育;基础教育是面向全体芬兰公民的公共服务事业;平等教育与公平教育;全纳教育、综合教育;个性化教育、多样化教育是芬兰人民秉持平等、公平教育和全纳、平衡教育的必然结果;信任文化与自觉责任意识以及教育权力的分散与下移是芬兰实行尊重人民、相信人民、依靠人民这一根本战略的历史与逻辑的结果[5]。

[1] 康玥媛,沙赫斯庄姆 F.芬兰高中课程改革及高中数学课程标准评介[J].数学教育学报,2013,22(4):11-15.
[2] 乔雪峰.断裂还是承接?——芬兰基础教育改革的路径选择及其启示[J].外国教育研究,2012,39(1):3-9.
[3][5] 王悦芳.芬兰基础教育改革的逻辑与理念[J].外国中小学教育,2009(6):7-10,15.
[4] 库西莱赫托-阿瓦莱,塔皮奥.公平与质量并行:实现卓越的全民教育——芬兰的经验[J].胡森,译.比较教育研究,2012,34(3):7-12.

四、数学课堂中的 CPB 研究

(一) 关键事件技术

关键事件对于整个课堂教学意义重大,它指的是在教学开展方面起核心作用、具有重要影响力乃至决定性的事件。笔者认为,关键事件应该成为教学和研究之间的一座桥梁。

关键事件技术(critical incident technique,简称 CIT)并不是起源于教育领域,而是在 20 世纪 40 年代兴起于军事领域,由美国匹兹堡大学心理学教授弗拉纳根(John C. Flanagan)提出[1],并逐渐在管理、教育、医学、服务业、图书馆情报学等多个领域加以研究并应用。我国最早于 1990 年引进并使用 CIT[2],教育研究中对于 CIT 的直接应用较少,多数相关研究是基于罗布·沃克(Rob Walker)和大卫·特里普(David Tripp)将 CIT 用于研究教师专业化时所采用的关键教育事件这一提法。现在公认的教育领域的关键事件的最早提出源于大卫·特里普于 1993 年所著的 *Critical Incidents in Teaching: Developing Professional Judgement*。

当前国内文献中对于关键事件的研究有所欠缺,这也是本研究将关注的焦点转向关键事件研究的缘起之一。国内很多研究关注的是关键事件在教师培训中的显著作用(王文静,2006[3];沈子兴,2008[4]),发现从关键事件着手大大提高了教师培训的针对性和效率。

(二) 教育研究中的关键事件

国内教育研究中对于关键教育事件的界定受沃克和特里普理论的影响较大,对 CIT 方法的直接应用较少,多为基于二者理论的间接运用,甚少涉及论证关键教育事件的生成过程。截至 2022 年 3 月,笔者通过对 CNKI 相关文献的检索,发现以关键教育事件为主题的文献有 158 篇,直接运用 CIT 进行教育研究的

---

[1] FLANAGAN J C. The aviation psychology program in the army air forces [M]. Washington, D. C.: U. S. Government Printing Office, 1948.

[2] 张庆河. 选人·用人——国外企业选择员工的方法[J]. 技术经济信息,1990 (7): 24 - 25.

[3] 王文静. 关键教学事件在教师培训中的应用[J]. 现代教育技术,2006(6): 20 - 22.

[4] 沈子兴. 以关键教育事件为载体开展教师培训的实践与思考[J]. 中小学教师培训,2008(4): 9 - 11.

文献有 14 篇,本研究将结合这 172 篇文献梳理我国教育研究中对关键事件的研究。

国内最早研究教育中的关键事件始于 2004 年曾宁波发表的《论教师专业成长中的"关键事件"》,指出关键事件应当具有如下特征:典型性、自我体验的深刻性、情境依赖性和创生性[1]。同年,吴小鸥发表《论教育反思的智慧》,认为剖析关键事件体现了教育者对自我已有内在专业结构合理性、适应性的评价和最终决策,以及对长期积累的经验的体悟[2],是提高教育反思智慧的基本策略之一。这两篇文献标志着我国教育研究中对"关键事件"研究的兴起。此外,杨玉东指出了关键事件对于教研的重要性[3],王文静总结了关键教学事件的五项特征[4],不同学者从不同角度对关键事件进行了分析与研究。

(三) 课堂中的 CPB

国内对教学、教研中关键事件的研究诸多,笔者认为,还需要知道中学数学课堂上的关键事件有哪些,它们之间有怎样的关系,每一个关键事件在中学课堂上的呈现形式如何,等等。一旦能够提供一个可鉴别课堂中关键事件的方法,并给出关键事件的操作性定义,就不难发现当前研究的焦点往往与待论证的关键事件多有重合,如评价、教师行为、师生互动等。这些必然是中学数学课堂教学中的关键所在,但是尚需论证,且这一论证与鉴别过程将为我们当前的研究方向提供解释——这些事件在中学数学课堂教学中举足轻重。因此,本研究将制定问卷,试图了解教师所面临的具体关键事件有哪些。

从本书中的几个 CPB 来看,相关研究偏少,尤其是针对学生听讲和学生做题的专门研究。对教师提问的研究偏向理论层面,主要集中在提问的功能与作用、艺术与技术两个方面;教师提问的实证研究主要集中在提问的数量、分类、教师的候答方式、反应四个方面[5]。近年来,随着课堂录像研究的兴起,关于教师提问的

[1] 曾宁波.论教师专业成长中的"关键事件"[J].现代教育科学,2004(4):17 - 21.

[2] 吴小鸥.论教育反思的智慧[J].中国教育学刊,2004(9):11 - 13.

[3] 杨玉东.教研,要抓住教学中的关键事件[J].人民教育,2009(1):48 - 49.

[4] 王文静.关键教学事件在教师培训中的应用[J].现代教育技术,2006(6):20 - 22.

[5] 陈羚.国内外有关教师课堂提问的研究综述[J].基础教育研究,2006(9):17 - 20.

实证研究逐渐增多,例如,曹一鸣及其团队对课堂教学行为关键性作了研究[1],并对教师启发式教学行为等进行了编码[2]。

曹一鸣等选取了 LPS 项目和 TIMSS 1999 中的部分录像,试图探寻数学与现实生活之间的联系,发现从教师所提问题的情境来看,中国教师提出的问题表现出更高的与课堂教学知识的直接相关性和数学性;与实际生活联系方面,中国高于日本、捷克共和国,低于美国、瑞士、澳大利亚和新西兰,处于居中地位[3]。

第二节　课堂教学行为研究方法述评

通过查阅已有研究,发现当前对数学课堂教学的研究主要集中在如下三项议题:教师提问、课堂教学语言、教学行为、评价、有效教学等教师维度议题;学生的数学思维、课堂参与、学习动机等学生维度议题;影响学生学业成就的因素、师生共同构建高效课堂等师生共同维度议题。

调查发现,进行课堂教学研究的方法主要有如下几种。

一、弗兰德斯互动分析系统(FIAS)

弗兰德斯互动分析系统(Flanders Interaction Analysis System,简称 FIAS)由美国学者内德·弗兰德斯(Ned Flanders)于 1970 年研制,以师生言语互动作为分析的基础和要素[4]。这一系统源于弗兰德斯的观念:语言行为是课堂中主要的教学行为,约占所有教学行为的 80%。

自研发该系统至今的 50 多年,FIAS 广泛应用于课堂教学研究中,不断得到修正并影响着其他编码系统的设计。它的具体分析对象是语言,各项类别如表 2-1 所示。

[1] 曹一鸣,于国文.中学数学课堂教学行为关键性层级研究[J].数学教育学报,2017,26(1):1-6.

[2] 曹一鸣,李俊扬,大卫·克拉克.数学课堂中启发式教学行为分析——基于两位数学教师的课堂教学录像研究[J].中国电化教育,2011(10):100-102.

[3] 曹一鸣,许莉花.数学与现实生活联系的度是什么——基于中国 4 位数学教师与 TIMSS 1999 录像研究的比较[J].中国教育学刊,2007(6):60-62,68.

[4] FLANDERS N A. Analyzing teaching behavior [M]. Oxford: Addison-Wesley, 1970.

表 2-1　FIAS 分类类别

教师语言	1. 表达情感
	2. 鼓励或表扬
	3. 接受并采纳学生的主张
	4. 提问
	5. 讲授
	6. 指令
	7. 批评
学生语言	8. 学生应答
	9. 学生主动说话
沉　默	10. 沉默或混乱

该系统通过每 3 秒的间隔记录相应的编码,进而构造一个编码矩阵,是采取定量分析方法来关注和研究数学课堂教学的一种专业分析方法。对于此系统,笔者认为以下几点值得商榷:

(1) 仅关注课堂教学语言,这必然会错失课堂上许多其他不发声的事件,而这些事件对于课堂教学而言也具有重要意义,将其归入"10. 沉默或混乱"显然是不合适的;

(2) 从表 2-1 中可以看出,FIAS 更为关注教师的语言行为,对学生的关注较为欠缺;

(3) 该系统以教师和学生为分界亦有不妥之处,课堂中的一些事件是由师生共同完成的,如师生共同展开讨论,而从该系统中很难找到与这些事件相契合的编码;

(4) "10. 沉默或混乱"这一编码太过模糊,很难展开切实有效的分析[1]。

二、S-T 课堂教学分析方法(S-T)

这一分析方法中,S 表示学生,T 表示教师,显然是将课堂教学行为分成学生行为和教师行为两大类别进行研究的。

---

〔1〕 穆肃,左萍萍.信息化教学环境下课堂教学行为分析方法的研究〔J〕.电化教育研究,2015(9):62-69.

此方法通常以 30 秒为间隔记录课堂教学,也可以缩短采样时间。通过绘制 S - T 图,呈现随事件变化的学生行为以及教师行为;通过计算 Rt 值(教师行为占有率)和 Ch 值(行为转化率:教师行为与学生行为之间的转化次数与行为采样总数的比率)得到 Rt - Ch 图;根据四种教学模式——练习型、讲授型、对话型、混合型在 Rt - Ch 图中所对应的位置(图 2 - 1)以及它们的标准条件(表 2 - 2),进行教学模式的分析[1]。

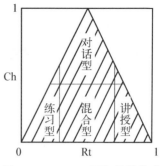

图 2 - 1 Rt - Ch 图与教学模式

表 2 - 2 教学模式及其标准条件

教 学 模 式	标 准 条 件
练习型	$Rt \leqslant 0.3$
讲授型	$Rt \geqslant 0.7$
对话型	$Ch \geqslant 0.4$
混合型	$0.3 < Rt < 0.7, Ch < 0.4$

关注教师和学生这两个课堂教学中的主体是这一分析方法的特色,也是课堂教学研究绕不开的必然议题,此方法对课堂模式的探究非常有效,但也不能忽略其中存在的问题:

(1)与 FIAS 相同,忽略了一些行为是由师生共同进行和完成的,以至忽略了一类重要的课堂教学现象;

(2)教学行为只分为教师的行为和学生的行为这两大类,而不划分具体行为,难以定位具体教学行为的特点,难以反映出整个教学过程的表现和特点[2]。

三、TIMSS 分析方法

TIMSS 不仅是大型国际比较研究,其研究方法也成为国际课堂教学录像研究与国际比较的一种重要范式,被赞誉为信息技术应用在教育研究中的革命性

---

[1] 魏宁.信息技术支持的教学分析方法——S - T 篇[J].信息技术教育,2006(1):55 - 57.

[2] 穆肃,左萍萍.信息化教学环境下课堂教学行为分析方法的研究[J].电化教育研究,2015(9):62 - 69.

突破[1]。

TIMSS 录像研究程序为：以录像信息分析模式为中心建立信息编码表→对课堂状况进行编码→对课堂谈话进行编码→录像→对录像作数字化处理→进行课堂教学信息的编码和统计分析→展开国际比较。

其优点是基于大数据，具有更强的统计意义和指导作用；将质性和量化的方法相结合，解决了当前存在的仅依靠质性方法或仅依靠量化研究的缺陷，从而对课堂能有一个更加深入的全面认识[2]。

TIMSS 分析方法的缺陷之处在于操作上的困难，无论是编码还是应用都相对复杂，除了大范围的国际调查研究与比较之外，在对日常教学的过程分析和研究之中较难推广。

四、学习者视角分析方法(LPS)

这一实践导向的分析方法始于 LPS 项目，是一种将关注的焦点投向课堂中的学生的分析方法。LPS 项目有两个显著特点：一是通过一位教师连贯性的数节课展开数学课堂教学的分析；二是更加关注对学习者实践的探索[3]。该项目在多个国家进行录像取样，建立了一个丰富的、可展开国际比较的大型视频库。

其优点如下：三台摄像机分别保持同步地录制教师、全班和焦点学生的行为；关注学生行为；关注整个课堂教学以及教师的行为；多个国家的比较为探寻数学课堂教学的文化性创设条件；选取的教师均是优秀教师，为探索高质量课堂特征提供了便捷。

利用这一拍摄方法的研究设计很有意义，可以在有条件的情况下进行推广，并且这样的设计在 ICCR 主导的新项目——Lexicon 项目中再一次得到了应用。

[1] GONZALES P, STIGLER J W, KAWANAKA T, et al. The TIMSS Videotape Classroom Study: Methods and Findings from an exploratory research project on eighth-grade mathematics instruction in Germany, Japan, and the United States [Z]. Washington, D. C.: US. Department of Education, National Center for Education Statistics, 1999.

[2] 穆肃,左萍萍.信息化教学环境下课堂教学行为分析方法的研究[J].电化教育研究,2015(9): 62 - 69.

[3] CLARKE D, KEITEL C, SHIMIZU Y. Mathematics classrooms in twelve countries: the insider's perspective[M]. Rotterdam: Sense Publishers, 2006.

由于录像记录的丰富性,学习者视角的分析比 S－T 分析方法更为聚焦,也更为多元,但它还是不可避免地存在着对教师和整个课堂关注的欠缺。然而,由于录像是全面立体的,既关注学生,也关注教师和整个课堂,因而充分利用录像资源便可弥补这一欠缺。

五、基于信息技术的互动分析系统(ITIAS)

基于信息技术的互动分析系统(Information Technology — based Interaction Analysis System,简称 ITIAS)是对 FIAS 的改进与拓展。FIAS 对学生的关注较少,而 ITIAS 则弥补了这一不足之处;增加了信息技术类别,更加贴近当前数学课堂教学潮流与趋势;细化了教师的语言活动;增加了对课堂的描述性观察以及个案访谈,实现量化和质性分析的结合,具体编码见表 2－3[1]。

这一调整更加契合中国课堂教学实际与研究的需要,实现量化与质性的兼顾,便于深入挖掘课堂、深化理解认识,但仍存在不足:

(1) 没有关注到师生共同的行为;

(2) 关注的焦点依然是课堂教学语言,缺少对行为的研究;

(3) 部分样本行为可能存在归类交叉的情况,给分析带来不确定性[2]。

表 2－3　ITIAS 编码系统

编码	表　述	内　　容
1	教师接受情感	以一种不具威胁性的方式,接纳及澄清学生的态度或情感的语气
2	教师鼓励表扬	称赞或鼓励学生的动作或行为
3	采纳意见	承认学生的说法;修饰或重述学生的说法;应用它去解决问题;与其他学生的说法相比较;总结学生所说的
4	提问开放性的问题	以教师的意见或想法为基础,询问学生问题,并期待学生的回答
5	提问封闭性的问题	

---

〔1〕 顾小清,王炜.支持教师专业发展的课堂分析技术新探索[J].中国电化教育, 2004(7):18－21.

〔2〕 穆肃,左萍萍.信息化教学环境下课堂教学行为分析方法的研究[J].电化教育研究,2015(9):62－69.

编码	表 述	内 容
6	讲授	就内容或步骤提供事实或见解；表达教师自己的观念，提出教师自己的解释，或者引述某位权威者（而非学生）的看法
7	指示	指令或命令学生做某件事情，此类行为具有期望学生服从的功能
8	批评	陈述的语句内容为企图改变学生的行为，从不可接受的形态转变为可接受的形态；责骂学生；说明教师为何采取这种行为；极端地自我参照
9	应答（被动反应）	（对编码4的反应）学生为了回应教师所讲的话；教师指定学生回答问题，或是引发学生说话，或是建构对话情境；学生自由表达自己的想法是受到限制的
10	应答（主动反应）	学生的回答超出了问题的答案，表达了自己的想法；引发新的话题；自由地表达自己的见解和思路，如提出具有思考性的问题、开放性的架构
11	主动提问	主动提出问题，自由地表达自己的见解
12	与同伴讨论	讨论、交流看法
13	无助于教学的混乱	暂时停顿、短时间的安静或混乱，以至于观察者无法了解师生之间的交流
14	思考问题	学生思考问题
15	做练习	学生做课堂练习
16	教师操纵技术	教师使用技术来呈现教学内容，说明观点
17	学生操纵技术	学生使用技术来呈现教学内容，说明观点；学生课堂做实验
18	技术作用于学生	学生观看多媒体演示

六、课堂教学行为分析系统（TBAS）

　　课堂教学行为分析系统（Teaching Behavior Analysis System，简称 TBAS）对来源广泛的课堂教学实录从教师活动、学生活动和无意义教学活动三个方面进行分析，是一种定量的教学行为分析方法。穆肃等指出，由于 ITIAS 未明确指出所使用的信息技术的类型，因此她们在 TBAS 中对此作了划分，包括传统多媒体演示、计算机多媒体信息演示、设备基本操控以及课堂的监督控制，从而解决了这一问题[1]。

---

〔1〕 穆肃，左萍萍.信息化教学环境下课堂教学行为分析方法的研究[J].电化教育研究，2015(9)：62-69.

TBAS 的具体实施是对教学行为进行分类和编码、抽样及编码分析,包括矩阵分析法和变量分析法。该系统关注并分析了语言行为和非语言行为,结合视频观察对课堂教学行为进行统一分析,较客观地反映了课堂教学活动的实情,但依然忽视了师生共同行为。

七、人种志研究方法(Ethnographic)

这是一个质性研究方法,对种族、语言、文化、历史、性别等因素格外关注。当前流行的探究社会经济地位(Social Economy Status,简称 SES)对学生学业成就的影响就是人种志研究。

艾森哈特(Eisenhart)认为对课堂教学的研究不能忽视文化因素,他还提到了种族、性别以及一些后现代因素正改变着文化的概念,进而影响审视课堂教学的文化视角。虽然文化在变动、调整,但不能抛弃文化而孤立地谈课堂教学,因此,他从文化与课堂教学的关系这一角度,对人种志研究方法在课堂教学研究中的应用作了辨析,并详细叙述了该方法在研究者和研究对象之间的桥梁作用[1]。

澳大利亚学者克莱门茨(Clements)对人种志有一定的研究,曾在中国就人种志研究范式作了报告,并发表文章介绍语言因素对学生理解数学情境的影响[2],还从历史的视角介绍了性别因素对数学学业成就的影响[3]。

如今,人种志研究的运用、理论框架的建构等已被归入学习组织和管理、犯罪学和风险研究、学习环境研究、学习的文化氛围研究、发展理论等方面,人种志的研究方法或被归入教育学研究的类别之中,或被归入新的学科之中[4]。

〔1〕 EISENHART M. Changing conceptions of culture and ethnographic methodology: recent thematic shifts and their implications for research on teaching[M]//RICHARDSON V. Handbook of research on teaching (4th edition). Washington, D. C.: American Educational Research Association, 2001: 209 - 225.

〔2〕 LEAN G A, CLEMENTS M A, CAMPO G D. Linguistic and pedagogical factors affecting children's understanding of arithmetic word problems: a comparative study[J]. Educational studies in mathematics, 1990(21): 165 - 191.

〔3〕 CLEMENTS M A. Sex differences in mathematical performance: an historical perspective[J]. Educational studies in mathematics, 1979(10): 305 - 322.

〔4〕 MARS G. Refocusing with applied anthropology[J]. Anthropology today, 2004,20(1): 1 - 2.

八、CIT 研究方法

CIT 研究方法是一种定性研究方法,通过直接观察人类行为的一系列程序,提升解决实际问题的能力并开发潜能[1]。CIT 研究方法是对可观察到的人类行为的详细分析,自弗拉纳根提出以来,逐渐在多个领域得到研究与应用,是一种行之有效的刻画并分析行为的研究方法[2]。

通过分析直接介绍及应用 CIT 的文献可知,CIT 的应用范围在不断拓宽,但是仍存在信度和效度检验缺失这一关键缺陷。同时,我国关键教育事件研究的实质是对 CIT 的变革和延伸,更关注对教师专业化的研究;虽然逐渐偏离了原有 CIT 的方法范式,但是拓宽了数据收集的方法,更为适宜教育研究的需要。

(一) 关键事件

弗拉纳根将事件理解为那些任何特定的、可观测的人类活动,而关键事件则指的是对整个活动目的而言,发挥了重大作用且不论是消极或积极作用的事件[3],具体研究将界定具体的"关键"标准。

本研究聚焦教育方向,所研究的关键事件是那些可以发生在课堂上,也可以发生在课外的与教育教学息息相关且具有较大影响的事件的集合。这一界定在国内教育研究领域被广为接受。

早在 1976 年,英国学者罗布·沃克在其著作 *Innovation: The School and the Teacher* 中提出"关键事件"这一概念,主要用于研究教师职业生涯发展,并将影响教师职业生涯发展的事件称为"关键事件"。

其后,大卫·特里普于 1993 年在 *Critical Incidents in Teaching: Developing Professional Judgement* 一书中系统地将 CIT 引进教育研究之中,指出关键事件并不是观察者所看到的事件,而是有待进一步探究的事件,是创造出来的[4],需要对

[1][3] FLANAGAN J C. The critical incident technique[J]. Psychological bulletin, 1954, 51(4): 327 - 358.

[2] ANDREOU T E, MCLNTOSH K, ROSS S W, et al. Critical incidents in sustaining school-wide positive behavioral interventions and supports[J]. Journal of special education, 2015, 49(3): 157 - 167.

[4] TRIPP D. Critical incidents in teaching: developing professional judgement [M]. New York: Routledge, 1993.

看似普通的行为等进行进一步的分析、判断和研究。

(二) CIT 研究方法的传统流程

CIT 研究方法主要通过个体访谈、行为观察或问卷的形式收集某个特定领域或主题中的关键事件,其中主要以访谈和半结构式问卷为主,再借助内容分析法进行深入分析,进而得出研究结论。

其主要实施步骤为:(1) 确立研究目标;(2) 确定研究计划和条件;(3) 收集数据;(4) 分析数据;(5) 呈现并解释结果[1]。其中,前两个步骤是为整个研究做准备;步骤(3)主要借助半结构式问卷、个体观察或者访谈的形式进行,且访谈能获得更为丰富详细的资料;步骤(4)采用从属于定性分析方法范畴的内容分析法。

(三) CIT 研究方法中收集关键事件的标准

弗拉纳根建议应满足至少有 100 个事件的标准;CIT 研究方法中,对收集关键事件的标准是基本达到饱和状态,直到出现冗余,要求每生成 100 个事件中,至多出现 2~3 个新的关键事件[2]。

(四) 信度和效度检验

弗拉纳根在提出 CIT 研究方法时就强调信度和效度检验的必要性,以弥补主观方法造成的偏差。巴特菲尔德(Butterfield)等人总结了适用于 CIT 研究方法的 9 种信度和效度检验方法:(1) 专家独立提取关键事件;(2) 重复访谈;(3) 独立检验其中 25% 的关键事件;(4) 考查冗余率;(5) 至少 2 个专家审阅;(6) 考查参与率;(7) 理论上的有效性;(8) 描述上的有效性以及参与者相互检查(cross — check);(9) 专家观看录像保证是遵循了 CIT 方法[3]。这些方法历经五十年的使用与完善,能够最大限度地降低主观影响所造成的偏差。

---

[1] FITZGERALD K, SEALE N S, KERINS C A, et al. The critical incident technique: a useful tool for conducting qualitative research[J]. Journal of dental education, 2008, 72(3): 299 – 304.

[2] FLANAGAN J C. The critical incident technique[J]. Psychological bulletin, 1954, 51(4): 327 – 358.

[3] BUTTERFIELD L D, BORGEN W, AMUNDSON N E, et al. Fifty years of the critical incident technique: 1954 – 2004 and beyond[J]. Qualitative research, 2005, 5(4): 475 – 497.

第三章 / 研究设计

第一节 研究方法

本书采取的研究方法从范式上看,是以质性研究为主、量化研究为辅的混合方法研究(mixed methods research,简称 MMR)。质性主导,量化先行,量化—质性顺序设计的主要流程见图 3-1[1]。首先对视频进行基本量化研究,得出量化研究结论;进而在基本量化的基础上整合相关文献、访谈等质性资料作进一步的质性分析,得出质性研究结论;将质性研究和量化研究的结论相整合,并加以反思和深度解释以得到最终的研究结论。

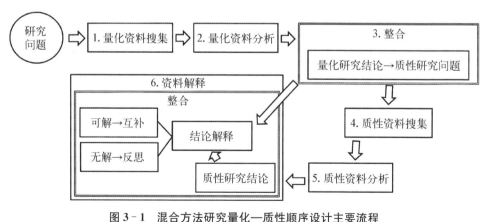

图 3-1 混合方法研究量化—质性顺序设计主要流程

---

〔1〕 李刚,王红蕾.混合方法研究的方法论与实践尝试:共识、争议与反思[J].华东师范大学学报(教育科学版),2016,34(4):98-105,121.

　　在混合方法研究的范式之下,本研究主要采取文献研究法、内容分析法、问卷调查法、访谈法、录像观察法、个案研究法、比较研究法以及统计分析等方法。

一、文献研究法

　　该方法贯穿整个研究过程。首先,借助文献分析法了解与本研究问题相关的国内外研究现状;其次,对于各个国家课堂教学行为的研究,一方面依靠视频解析,另一方面则依靠对文献的内容分析;最后,研究过程中不断更新国内外研究现状,使得每处引证都有理有据。

　　特别地,扎根理论(grounded theory)在文献解读过程中扮演着重要角色,尤其是在依据文献建构编码框架的过程中。在扎根理论下,不再涌现新的理论主题或类属意味着不断被纳入研究范围的研究对象之间同质性较强[1],这是本研究进行文献分析、确定文献范围的依据之一。在确定编码框架的过程中,通过解析文献中出现的与编码框架相关的理论来补充完善编码表,并且以不再或很少出现新的、迥异的理论作为暂停文献解析的一个标准,体现了扎根理论的要领。扎根理论是一种研究路径,而不是一种实体的"理论"[2],本研究主要体现在文献分析以及使用质性分析软件 NVivo 进行质性编码的过程中,因此没有把它单独作为一种研究方法列出,而仅在此陈述。

二、内容分析法

　　内容分析法是对书面资料进行总结和报告,即抽取书面资料和信息中的核心内容[3],主要包括解读式内容分析法、实验式内容分析法、计算机辅助内容分析法[4]。在文献解读中,本研究主要采用解读式内容分析法分析质性材料,具体表现为:将大量的、丰富的书面资料转变为可操作的、可理解的资料;对转录后的访

〔1〕　郑庆杰.解释的断桥:从编码到理论[J].社会发展研究,2015,2(1):149 - 164,245.

〔2〕　陈向明.扎根理论在中国教育研究中的运用探索[J].北京大学教育评论,2015,13(1):2 - 15,188.

〔3〕　科恩,马尼恩,莫里森.教育研究方法(第6版下册)[M].程亮,宋萑,沈丽萍,等译.上海:华东师范大学出版社,2015.

〔4〕　邱均平,邹菲.关于内容分析法的研究[J].中国图书馆学报,2004(2):12 - 17.

谈资料进行再加工;契合研究问题所需要的编码。

本研究中运用内容分析法的主要步骤为:收集待研究的文本资料;结合研究问题对文本进行分析和简化;结合编码框架对简化后的文本进行编码和分类;从理论角度获取文本中的结论。

内容分析法是本研究质性分析方法中的主要构成部分,从中得出的结论将作为基于课堂录像研究所得出的量化结论的重要补充,最终共同构成本研究的结论。

三、问卷调查法

问卷调查法主要用于生成中国中学数学课堂教学中的 CPB。采用问卷的形式对我国数学教育领域的专家、学者、教师进行抽样调查,选择其认为关键的、更为关注的或在数学课堂上普遍使用的教学行为。而后,对调查的数据进行统计分析,结合 Polinode 软件生成中国中学数学课堂教学结构图,并结合访谈结果得到 CPB。

要说明的是,需要确定关键教学行为中“关键”的概念,进而在问卷的问题设置中将其明确。本研究中的“关键”主要表现在:交流表达中的高频率、教学实践中的高频率以及教师认为的其在教学上的重要性。

四、访谈法

访谈法主要用于两方面。其一,用于生成中国中学数学课堂教学中的 CPB。通过对中学数学教师和数学教育领域专家、学者的问卷调查和深度访谈,确定中学数学课堂教学中的 CPB。其中,更为重要的是要了解教师认为某教学行为是 CPB 的原因所在,以甄别教师的选择与其对问卷要求的理解之间是否一致,从而更精确地得到符合调查问卷和研究要求的结果。

其二,是对国外专家的访谈。本研究中,分别援请 TIMSS 1999 澳大利亚数学组核心成员希拉里·霍林斯沃思(Hilary Hollingsworth)博士、ICMI‐12 的主席米谢勒·阿蒂格(Michèle Artigue)教授、芬兰赫尔辛基大学马尔库·汉努拉(Markku Hannula)教授进行访谈,一是探讨中国课堂教学情境中的 CPB 在国外课堂上的适用性,二是将法国和芬兰课堂中关于 CPB 的访谈作为课堂录像分析的补充。

五、录像观察法

研究过程中对来自中国、澳大利亚、法国、芬兰四个国家的十节录像课进行反复观察并编码,通过观看录像中的教师行为和学生行为,借助编码表和 NVivo 软件建立一级节点,将其作为进一步研究的基础。

六、比较研究法

比较研究法是本研究主要采用的分析方法,对中国、澳大利亚、法国、芬兰中学数学课堂上的几个教学行为展开比较。其中,对不同文化下课堂教学中关键行为的分析都将从四国课堂教学实际出发,尽可能囊括该关键行为的各种表征及产生不同表征的原因,借此勾勒四国中学数学课堂教学概貌。

七、个案研究法

个案研究按照研究目的主要分为三类:探索性、描述性和解释性个案研究[1]。其中,描述性的个案研究指向于叙述性说明,是本研究中采取的主要方法。对法国和芬兰中学数学课堂 CPB 的研究主要基于各自国家的一节 Lexicon 录像课,对录像进行深入的个案解析,结合编码框架进行基本的量化描述,将得到的结果作为后续质性分析的基础并借以搭建框架。需要注意的是,个案研究中的主要范式不是量化,而应该是对现象和结果的解释。因此,对中澳法芬四国课堂录像的研究亦关注于量化描述之外的解释。

个案研究常涉及这样一个问题:如何能从一个案例推导出结论?本研究对此的解释是注重分析型归纳(analytical generalization),而非统计型归纳(statistical generalization)[2]。此外,多角度的互证保证了个案研究所得结论的可靠性。

---

〔1〕〔2〕　科恩,马尼恩,莫里森.教育研究方法(第 6 版上册)〔M〕.程亮,宋崔,沈丽萍,等译.上海:华东师范大学出版社,2015.

八、描述性统计

作为本研究混合方法中量化研究采取的主要方法,描述性统计主要用于在质性分析之前对视频编码作初步分析和汇总,以初步形成量化研究的结论,为后续展开质性研究建立框架和基础。此外,对调查问卷的整理与分析、课堂教学行为之间关联指数的建立、视频的基本量化分析均用到此方法。其中,Polinode 软件将用于对课堂教学行为之间的关联进行可视化。

九、关键事件技术(CIT)研究方法

关键事件技术(CIT)研究方法属于内容分析法的范畴。前文介绍了 CIT 研究方法的传统流程,在本研究中,主要将 CIT 用于探寻中学数学课堂教学中的 CPB。笔者将传统流程作了变更以适应研究需要和问题解决,具体操作流程如下:(1)确立研究目标;(2)观看 Lexicon 录像课,编码并提取教学行为;(3)专家论证,精简并提取潜在 CPB;(4)开发研究工具,设计调查问卷并进行信度和效度检验;(5)面向教学经验丰富的一线教师执行问卷调查和访谈以鉴别 CPB;(6)呈现、分析并解释结果。

第二节 研究工具

一、Lexicon 项目

本研究是以 Lexicon 项目生成的中学数学课堂教学行为词典各条目为基础来寻找课堂教学中的 CPB,因而 Lexicon 项目是必要的研究工具之一。

Lexicon 项目中,每个国家的团队观察录像中的课堂活动,并在已有的教学语言系统中找到对这一课堂活动的表述;记录每一个活动的开始时间和结束时间,以及活动的名称和描述;在翻译成英语的过程中需保证该活动的核心特点能够得以呈现。Lexicon 项目的目标是梳理各国中学数学课堂教学行为,厘清其概念,并关注各国家之间的异同,最终汇编形成国际中学数学课堂教学行为词典。

该项目在九个国家各挑选一名优秀教师进行三机位拍摄,示意图和合成录像分别如图 3-2、图 3-3 所示。

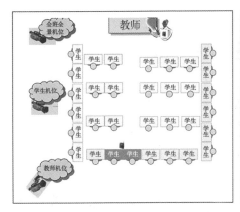

图 3‑2 Lexicon 项目三机位录像示意图

图 3‑3 Lexicon 项目三机位合成录像

二、Polinode 软件

该软件主要用于研究的前期——探寻中学数学课堂教学中的 CPB。Polinode 软件的实质是思维导图，通过输入 Excel 表格或者软件自带数据形式的文件，直接生成结构图，并可以对结构进行一系列操作。但是，研究者需要自行进行结构的建立、行为之间联系的构建以满足 Polinode 软件的要求，并以 Polinode 软件可读的数据形式呈现。

在 Lexicon 项目生成的中国数学课堂教学行为词典的基础之上，建立各教学行为之间的联系，即在软件中将其输入并生成结构。借助 Polinode 软件，可以清晰直观地获知各教学行为的课堂关联指数（该指数以某教学行为与其他教学行为之间的关联链接数量为依据），并以此关联指数作为进一步分析的基础。

借助 Polinode 软件，可以建立各教学行为之间的结构图，从而实现可视化操作。

三、问卷调查表

《中学数学课堂上的关键教学行为调查问卷》（见附录）对 CPB 的产生具有重要的理论支撑作用，主要用于生成中国中学数学课堂中的 CPB。在利用 Polinode 软件生成了结构之后，初步产生几个与其他教学行为链接（link）数目较多的教学行为，进一步通过该问卷生成 CPB。

四、访谈提纲

(一) 关于问卷信度检验的访谈

该部分的访谈在正式的问卷调查之前进行,对象是一线中学数学教师,主要用于对中国中学数学课堂教学中的 CPB 进行基于访谈的问卷信度和效度检验。在问卷填答过程中,要求调查对象出声思考(think aloud);在被访谈者的允许之下,访谈将被录音并转录,以便更好地获取信息、完善问卷。

访谈的目的有以下四点:保证问卷能够被一线教师所理解,并完善问卷;发现并解决在遣词、作答以及难度上的问题;发现并试图弥合调查者和被调查者在理解上的差异;奠定进一步开展问卷调查的必要基础,同时佐证问卷的内容效度。

访谈提纲为:

(1) 您对这些词所代表的教学行为有任何疑问吗? 例如,词的意思都能够理解吗?

(2) 为什么您觉得这个教学行为有很大/很小的在课堂实践中的使用频率/交流表达中的使用频率/教学上的重要性?

(3) 您在该问卷填答过程中的主要困惑有哪些?

(4) 请补充在您的课堂实践中使用频率较高的教学行为。

(5) 请补充在您的交流表达中使用频率较高的教学行为。

(6) 请补充您认为在教学上重要性较高的教学行为。

(二) 关于教学行为关键性的访谈

在问卷调查的基础上,进一步对三名有丰富一线教学经验的教师进行访谈。访谈提纲为:

(1) 您觉得中学数学课堂上哪些教学行为非常关键? 比如,教师讲解、师生互动等。("比如"这一部分主要起引导作用,防止被访谈者陈述太过情境化的教学行为,而非本研究重点关注的可以落实到某一时间点上的具体教学行为)

(2) 为什么您觉得这一教学行为如此关键? (意义阐述)

(3) 能否举例说明您是如何在课堂上进行这一教学行为的? (行为导向)

(4) 您觉得这一教学行为的实施对于整个课堂的教学有什么影响? (价值

方向）

（5）请在上述基础之上补充关于师生互动、教师提问、学生听讲以及学生做题的问题。（契合研究需要）

（三）教授访谈

在此次研究中，邀请米谢勒·阿蒂格教授以及马尔库·汉努拉教授作访谈，分别指向法国和芬兰两国的相关教学行为在课堂上的表征。

阿蒂格教授的访谈提纲如下：

（1）您觉得这节法国 Lexicon 录像课（下文均称 Lexicon-法）是不是法国课堂的常态形式？能否代表法国课堂的一般形态？

（2）对 Lexicon-法的分析显示，高频发生的教学行为有师生互动、学生做题、教师辅导、教师提问等，这与基于中国样本进行的探寻 CPB 的问卷调查结果存在一定的一致性。您觉得在法国课堂上，哪些教学行为较为关键和重要？哪些教学行为发生的频率较高？在两国课堂的共同关切上是否具有一定的一致性？

（3）在 Lexicon-法这节课上，通过对学生听讲行为的分析，显示出整个课堂约85%的时间学生处于积极听讲状态，学生的积极听讲状态约占整个学生听讲行为的94%，低水平学生的听讲仅发生在课堂管理、秩序维持环节；在涉及情境的知识教学中，学生能够认真听讲，这一现象或结果是否具有普遍代表性？

（4）在 Lexicon-法这节课上，通过分析学生做题行为，发现作为一节习题课，学生所做的都是关于已掌握知识的练习，采取的方式都是独立做题，没有出现学生板演的情况。请问在法国课堂上，学生做题的实现方式是怎样的？主要做的是练习题吗？例题是否会要求学生自己去做？独立做题是不是做题的主要形式？

（5）您如何界定师生互动的外延？师生互动应当包括哪些教学行为？

（6）在 Lexicon-法这节课上，通过对师生互动行为的分析，发现教师提问—学生回答、学生做题—教师辅导以及教师讲解—学生听讲是师生之间进行互动、交流的主要实现方式。您认为在法国课堂上，最为主要的师生互动形式是什么？其实现的主要途径又是什么？

问题（1）主要指向 Lexicon-法的典型性；问题（2）指向对 Lexicon-法中高频教

学行为的再确认;后面四个问题则指向学生听讲、学生做题、师生互动这些具体教学行为。其中,针对Lexicon-法的典型性,将在下文作初步解答。

汉努拉教授的访谈提纲如下:

(1) 请您对芬兰新课程标准以及该标准在芬兰的实施情况作简单介绍。新课程标准在未来的实施中可能会面对哪些问题?

(2) 新课程标准于2014年发布,2016年开始实施,直到2019年才能实现在芬兰全境范围内的实施(注:访谈发生于2016年11月22日),这一时间线背后的计划与思考何在? 哪一年可能是最困难的? 为什么?

(3) 新课程标准中提出的"现象教学"指的是什么? 对此在中国掀起了热议,其中也包含着些许误解。请您对现象教学的实质与其在芬兰课堂教学中的实施加以说明。

(4) 近年来,芬兰课堂上师生互动的主要实现形式是怎样的?

(5) 课堂上师生占据主导的教学行为有哪些?

(6) 从您的专业视角来看,这节芬兰Lexicon录像课(下文均称Lexicon-芬)是否具有一定的典型性?

问题(1)和问题(2)主要指向芬兰教育宏观政策;问题(3)指向在芬兰兴起的教学实践方法;后面三个问题明确指向本研究中的问题,试图厘清芬兰课堂教学行为的表征以及Lexicon-芬的典型性。其中,针对Lexicon-芬的典型性,将在下文初步解答。

五、NVivo

编码是进行资料分析的重要环节,研究中NVivo软件被用于对课堂录像进行质性编码。该软件是一款质性数据分析软件,其最大的优势在于强大的编码功能,可以将众多文献与某一研究主题相关的全部信息汇总起来,并可对广泛的研究主题进行整合,使得研究者能快速捕捉文献中的信息点[1-2]。

〔1〕 BAZELEY P. Qualitative data analysis with NVivo[M]. London:Sage Publications Limited,2007.

〔2〕 王光明,佘文娟,宋金锦.基于NVivo10质性分析的高校数学学习心理结构模型[J].心理与行为研究,2014,12(1):74-79.

NVivo 根植于扎根理论中,该理论包括三类编码,即开放式编码(open coding)、主轴编码(axial coding)、选择性编码(selective coding)[1]。

根据 NVivo 的操作手册以及扎根理论的要领,确定本研究的主要编码流程,具体如下:第一,确定编码对象(即各个国家的课堂录像转录稿);第二,导入编码对象;第三,根据之前确定的编码框架进行一级编码,将转录稿编码至节点,主要进行开放式编码;第四,进行主轴编码进而进行选择性编码,对节点以及节点间的关系进行分析,并根据研究问题继续构建节点间的关联;第五,生成结论。

六、研究工具的信度和效度

作为以质性研究方法为主导的研究,信度和效度的检验应当从研究结论向研究过程倾斜[2],因而本研究格外注重研究过程中所使用的研究工具的信度和效度,以保证结论的可靠性。

Lexicon 项目作为成熟的大型国际比较研究的成果,本身具有较高的可信度。Polinode 软件作为本研究采用的建立可视化结构的软件,其背后的原理是基于专家构建的教学行为之间的关联性,因而可以通过专家之间的信度加以保障。

对于问卷调查表的信度和内容效度,本研究一方面在问卷调查前进行了小范围的预测与访谈;另一方面约请五名数学教育研究领域的专家对问卷进行了审核,并计算了专家之间的信度,在第四章将作详细介绍。

科恩(Cohen)等指出,访谈者的态度、意见和期望是实现访谈效度最大化的根源之一[3]。本研究中的访谈对象涉及数学教育领域内国际顶级专家、资深一线特级教师以及有着丰富数学教育研究经验的专家学者;此外,本研究中的访谈具备一定的结构性,并允许被访谈者在结构化访谈提纲的基础之上自行补充。对象的专业性以及访谈的高度结构化一定程度上保证了访谈的信度和效度。在访谈时以及对访谈内容进行整理和分析的过程中,访谈者有意识地引导被访谈者解答访谈提纲中的问题,并在访谈结束后依据研究问题对访谈进行深度加工。

〔1〕 GLASER B G, STRAUSS A L. The discovery of grounded theory: strategies for qualitative research[M]. Chicago: Aldine Publishing Company, 1967.

〔2〕 郑庆杰.解释的断桥:从编码到理论[J].社会发展研究,2015,2(1):149 - 164,245.

〔3〕 科恩,马尼恩,莫里森.教育研究方法(第6版下册)[M].程亮,宋萑,沈丽萍,等译.上海:华东师范大学出版社,2015.

特别的是,利用 NVivo 进行编码前,采用三角互证的方法检验编码的信度,从而保障了利用 NVivo 进行质性编码的可靠性。

第三节　研究框架和研究过程

一、初步产生 16 个潜在 CPB

基于 Lexicon 项目,得到中国中学数学课堂教学行为词典(Chinese Lexicon,共 124 个教学行为),并建立中国中学数学课堂教学行为之间的初步结构,结构的建立充分考虑教学行为之间的各种关系。

在 2015 年 11 月于澳大利亚墨尔本大学召开的 Lexicon 项目会议期间,来自九个国家的数学教育专家肯定了这一建立教学行为之间的联系与结构的想法,并提出课堂关联指数可依据如下四种关系进行[1]:(1) 从属关系(hierarchical);(2) 顺序发生关系(sequential);(3) 同时发生关系(coincident);(4) 因果关系(causal)。

本研究在实际操作过程中去掉了因果关系,因其和顺序发生关系在一定程度上难以界定。例如,教师提问之后,学生回答——难以界定是因为教师提问了,所以学生进行回答的因果关系;还是教师先进行提问,之后学生顺着回答的顺序发生关系。因而,本研究主要依据行为之间的从属关系以及发生顺序建立结构。

借助 Polinode 软件,输入已经建立一定初步结构的 Chinese Lexicon,寻找链接数量较多的 CPB,初步产生 16 个潜在 CPB。

二、五个 CPB 的生成

基于上述 16 个潜在 CPB,援请数学教育领域的专家学者及中学一线数学教师进行问卷调查,选择其认为的 CPB。其中,问卷的设置及相关 CPB 的选择主要考虑以下三个角度:课堂教学中的使用频率、交流表达中的使用频率、教学上的重要性,并分别从这三个角度展开调查。

---

〔1〕　来自与 Lexicon 项目九个国家项目负责人的讨论。

进一步地,对参与问卷调查的教师进行抽样访谈,访谈的主要目的是厘清调查对象与研究设计初衷之间的一致性。

问卷分析的主要目的是界定 CPB 的标准并最终确定待研究的 CPB,对问卷的分析主要借助图 3-4 中的模型。通过该模型,可以直观地看出某教学行为在课堂教学实践、日常交流表达、教育价值这三个层面的分值。

图 3-4　教学行为分值模型

每一位教师对问卷中的每一个教学行为分别给出在上述三个层面上的相应分值(赋分要求见附录),并按照图 3-4 中的模型样式呈现结果以便直观分析。同时,借助该模型,可以看出上述三个角度两两之间的差距;通过均值计算等形式,还可以进行群体间的比较。

CPB 的选取应更多关注更有经验、教龄更长、职称较高的教师的结果,由此得到 CPB 的确定标准:对于教龄在 10 年以上的高级教师,若其三项评分构成的点在以(16,16,16)为球心,5 为半径的球面上及其内部,则将满足该条件的教学行为选作 CPB;或者,对于教龄在 10 年以上的高级教师,将其三项评分构成的点中到球心(16,16,16)距离最近的五个点所对应的教学行为选作 CPB。最终,得到教师提问、学生听讲、学生做题、师生互动、教师展示这五个 CPB。

三、研究对象的选取

本研究基于 Lexicon 项目探寻中国中学数学课堂的 CPB,因而自然地关注项目中其他几个国家,尤其是项目发起国的中学数学课堂上这几个教学行为的表征。综合研究兴趣和当前研究热点,选取 Lexicon 项目中来自中国、澳大利亚、法国和芬兰的录像课各一节。所选取的这几节课符合 Lexicon 项目视频选取的标准,即是各国典型的中学数学课,呈现的是各个国家绝大多数中学数学课堂的常态形式。

在此基础之上,进一步选取 MIST 项目中来自中国的两节中学数学课堂录像

课和 TIMSS 1999 中来自澳大利亚的四节八年级录像课,构成视频样本集。同样地,这几节也是中国和澳大利亚典型的中学数学课堂录像课。

通过录像研究构建各国 CPB 基本框架,并结合已有文献和访谈加以补充论证。法国和芬兰除了一节录像课和已有研究文献之外,分别有对两国数学教育领域权威专家的深度访谈,以丰富研究资料来源。

四、开展研究和获得结论

四个国家的主要研究流程相同,即:先进行录像分析,获得观测到的模式(observational pattern);再补充文献和访谈作为已有研究(local research),一是为了检验本研究的结论与已有相关结论的异同,二是为了补充本研究的结论,并作为质性分析的重要构成素材。

(一)中国和澳大利亚

以澳大利亚中学数学课堂教学中的 CPB 研究为例。

首先对澳大利亚的 Lexicon 录像课(下文均称 Lexicon -澳)进行初步分析(仅依据一节课,得出的结论不能算作量化结果),得到澳大利亚课堂 CPB 表征,并作为结论 1;同样地,再分析 TIMSS 1999 中四节澳大利亚录像课(结合 TIMSS 报告,已论证这四节课具有权威性和代表性),得到结论 2。

如果结论 1 和结论 2 是基本一致的,或者差异在可接受的范围内(需论证,或结合量化给出一致率标准),则合并这两个结论群,得到澳大利亚优质课堂 CPB 表征,并作为结论 3;若差异较大,则进行修正、反思与调整,重新分析得到新的结论 2,再与结论 1 合并,得到结论 3。最后,分析当前已有相关文献,补充完善结论 3,作为最终的澳大利亚优质课堂 CPB 表征。

类似地,进行中国课堂录像的研究,得到中国中学数学课堂 CPB 表征。

(二)法国和芬兰

法芬与中澳的区别在于,本研究中,法国和芬兰仅有一节课堂录像,因而需要采取个案研究的方法进行研究。

以法国中学数学课堂教学中的 CPB 研究为例:首先选用 Lexicon -法进行个案分析,得到法国课堂 CPB 表征,并作为结论 1;再对当前已有相关文献进行深度的内容分析,得到结论 2;接着,对专家进行访谈,整理访谈资料,得到结论 3；最后，对结论 1、结论 2、结论 3 不断进行比较与反思、修正与调整，汇总得到结论 4，作为最终的法国中学数学课堂 CPB 表征。类似地，进行芬兰课堂录像的研究，得到芬兰中学数学课堂 CPB 表征。

这部分主要采取描述性和解释性个案研究法。后续的文献和访谈将作为对个案研究所得结论的重要补充和佐证，通过多角度的互证保证了个案研究所得结论的可靠性。

对于得到的四个国家中学数学课堂 CPB 表征，最后进行比较分析。

五、研究流程图

本研究的流程图具体如图 3－5 所示。

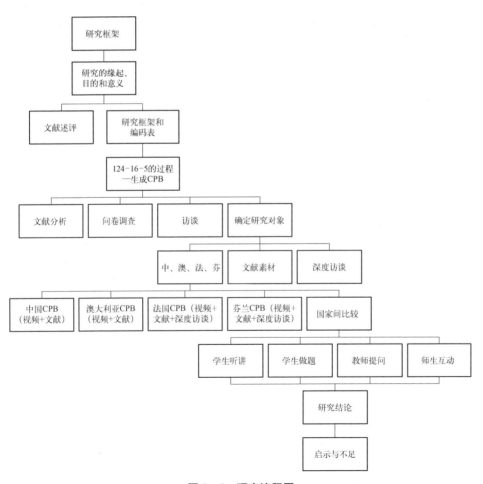

图 3－5 研究流程图

第四节　CPB 编码表及分析框架

一、整体介绍

研究主要聚焦如下四个 CPB：教师提问、学生听讲、学生做题、师生互动（需要说明的是，本研究将不对教师展示作专门研究）。由于在这四个 CPB 中，师生互动的外延最为广泛，其质量具体表现在师生交流是否频繁、价值如何，以及学生在课堂上的总体态度[1]。本研究中将其余三个 CPB 囊括在师生互动中，因而在分析逻辑上，对于教师提问、学生听讲和学生做题，先独立描述其在课堂中的表征，再分别将其放入师生互动体系之中作进一步分析，即分别描述教师提问、学生听讲和学生做题过程中的师生互动，以完成对课堂教学中师生互动的描述，进而呈现这四个CPB 的课堂表征。

二、术语界定

（一）教学行为

行为指举止、行动，是受思想支配而表现出来的外在活动。教学行为指的是教师和学生在双边教学活动中所表现出来的举止、行动，是外显的、可观察的。

（二）关键教学行为（CPB）

关键教学行为英文表达为 critical pedagogical behavior，本研究中简称为 CPB。本研究认为，在课堂教学中，行为是随时产生的，只有以特定的研究视角去审视这些行为，让教师判别其背后的价值，这些行为才能称为 CPB，这是对一个课堂教学行为重要性的解释。将某行为称为 CPB 是一种价值判断，判断基础就是附着在这一行为之上的重要性。课堂教学行为的关键性是对一个课堂教学行为重要性的描述，探寻CPB 对于针对性地进行教学改进、促进有效教学具有积极意义。

由于课堂教学行为具有层级性结构，所以后文对于 CPB 的研究将结合关键性程度的差异建立教学行为关键性的层级分类。其中，层级指的是层次、级别，主要

---

〔1〕 霍益萍.法国教育督导制度［M］.北京：人民教育出版社，2000.

用于区分行为之间的类属关系和结构级别。本研究中将课堂中的教学行为分为A、B、C 三个层级。

　　A 层级：关键性较高,表现为实践和交流中的高使用频率、教学上较高的重要性以及与其他教学行为之间较高的关联度。

　　B 层级：关键性居中,在实践和交流中的使用频率以及教学上的重要性略低于 A 层级,与课堂中其他教学行为之间的关联度较高。

　　C 层级：关键性较低,主要表现为与课堂中其他教学行为之间的关联度低或者无关联,行为本身相对孤立。

（三）学生听讲

　　学生听讲是指在教师讲解过程中,学生从教师的语言讲解以及板书或多媒体展示中接受知识。

　　学生听讲的卷入(involvement)程度指的是学生听讲状态达到的水平、程度,其中卷入指学生的参与,在学生听讲中表现为学生的倾听。

（四）学生做题

　　学生做题是指学生试图通过自己的思考独立或合作完成教师布置的例题或练习题。

　　本研究界定了学生做题过程中的辅导响应率,指学生做题在多大程度上得到教师的辅导,计算公式为 $辅导响应率 = \dfrac{教师辅导时间占比}{学生做题时间占比} \times 100\%$。

（五）教师提问

　　教师提问即教师向学生提出具体问题,可以是面向某一个学生的提问,也可以是面向全班学生的提问。

（六）师生互动

　　当代教学论认为,教学实际上起源于社会性互动,没有互动就没有教学,教学过程的本质就是师生主体间的互动[1],因而整个课堂均可以看成是一个师生互动的动态场所。但是,本研究中的师生互动更加偏向教师与学生针对某个问题一

---

〔1〕　党建强.师生互动理论的多学科视野[J].当代教育科学,2005(11)：14-17,35.

起研究、发现、交流这一具体层面。本研究界定了五组师生互动模式,需要说明的是,这五组师生互动模式所涉及的教学行为也被视为师生互动这一 CPB 的必要替代,将在下文多处关于 CPB 的图表中有所体现。

三、学生听讲编码

学生听讲是获取知识的重要途径之一,是课堂上学生的常态行为。对学生听讲的编码主要着眼于学生听讲的表征以及听讲过程中的师生互动,并将从以下四方面展开论述。

(1) 学生听讲的卷入程度;
(2) 学生听讲过程中的伴生教学行为;
(3) 学生听讲过程中的 CPB;
(4) 基于学生听讲的师生互动结构。

根据 Lexicon 项目对学生听讲的界定,本研究结合需要解决的问题以及学生听讲的课堂表征对学生听讲进行编码,具体见表 3-1。

表 3-1　学生听讲的编码

一级编码	二级编码	释　义
持续时间		从学生进入听讲状态(常以教师发声开始计入)到该状态结束(常以教师发声结束计入)或切换(常以教师发声切换面朝对象计入)之间的时间
伴生教学行为	无	听讲过程中,学生只是在听讲,没有其他伴生教学行为
	记笔记	听讲过程中,学生主动或按教师要求记笔记
	做题	听讲过程中,学生主动或按教师要求进行问题解答
	提问	听讲过程中,学生提出与教学或问题解决相关的问题
	思考	在此接受该假设:听讲过程中,若学生能独立进行提问,说明他进行了一定程度的思考
卷入程度	A	高度卷入,能够提问、思考或者记笔记
	B	中度卷入,保持认真听讲的状态
	C	低度卷入,听讲的同时出现思想不集中的情况
	D	不卷入,没有在听讲

需要注意和强调的是,在学习过程中,学生不只是需要"倾听"教师的讲解,在与同伴的合作交流中也需要"倾听"[1],而本研究中的听讲仅仅指教师发声时的学生听讲。

四、学生做题编码

对学生做题的编码主要着眼于学生做题的表征以及做题过程中的师生互动,并将从以下四方面展开论述。

(1)学生做题的呈现方式;

(2)学生做题过程中的伴生教学行为;

(3)学生做题过程中的CPB;

(4)基于学生做题的师生互动结构。

根据Lexicon项目对学生做题的界定,本研究结合需要解决的问题以及学生做题的课堂表征对学生做题进行编码,具体见表3-2。

表3-2　学生做题的编码

一级编码	二级编码	释　　义
持续时间		从学生开始做题到结束做题之间的时间
做什么	例题	解答示范性题目
	练习题	解答学生知识系统已经掌握的题目
怎么做	独立做题	学生个体进行问题解答
	同伴或小组合作	学生以同伴或者小组的形式进行问题解答
	集体做题	全班学生或者师生共同进行问题解答,常表现为教师板书并启发、学生齐答
场域	黑板上	学生上台板演
	座位上	学生在各自座位上进行问题解答
	电脑上	学生在台式电脑、平板电脑等智能电子设备上操作以进行问题解答

〔1〕　吴明理.谈"倾听"[J].教育理论与实践(小学版),2009(6):4-5.

五、教师提问编码

美国心理学家布卢姆(Bloom)提出的教育目标分类学理论将教育目标分为认知、情感和动作技能三个领域。其中，认知领域划分为记忆/回忆、理解、应用、分析、评价、创造六种水平[1]。国内，申继亮、李茵[2]较早采用布卢姆的目标分类学进行教师提问的编码，提出对教师提问进行水平划分，其中低认知水平的提问包括回忆型问题、理解型问题、运用型问题，高认知水平的提问包括分析型问题、综合型问题、评价型问题，本研究在此基础之上增加了对管理类问题的提问。

关于教师提问，将从以下四方面展开论述。

(1) 教师提问的呈现方式；
(2) 教师提问过程中的伴生教学行为；
(3) 教师提问过程中的CPB；
(4) 基于教师提问的师生互动结构。

根据 Lexicon 项目对教师提问的界定，本研究结合需要解决的问题以及教师提问的课堂表征对教师提问进行编码，具体见表3-3。

表3-3　教师提问的编码

一级编码	二级编码	释　义
提问对象	个别学生	教师对学生个体进行提问
	小组	教师对同伴或者小组形式的学生群体进行提问
	全班	教师面向全班学生进行提问
提问内容	知识类	就具体知识点进行提问
	解题类	指向具体的、需要解答的题目所进行的提问；对题目信息的澄清、补充所进行的提问；教师未听清学生话语情况下的追加提问
	管理类	指向教学进度、秩序或者对学生的关怀等课堂管理类的提问，分为教学管理类提问和人文关怀类提问

〔1〕　安德森，等.布卢姆教育目标分类学：分类学视野下的学与教及其测评(完整版)(修订版)[M].蒋小平，张琴美，罗晶晶，译.北京：外语教学与研究出版社，2009.
〔2〕　申继亮，李茵.教师课堂提问行为的心理功能和评价[J].上海教育科研，1998(6)：40-43.

续　表

一级编码	二级编码		释　义
提问水平[1-2]	低认知水平	回忆型	要求学生回忆已学过的事实、概念,或对某一陈述进行对与错的判断
		理解型	用自己的话对事实、现象进行说明,区别其本质特征
		运用型	运用新获得的概念、原理和过去所掌握的知识来解决新问题
	高认知水平	分析型	要求学生识别条件和原因,或找出条件和条件之间、原因和原因之间的关系
		综合型	需要学生迅速检索与问题有关的知识,加以分析综合,得出结论
		评价型	鼓励学生对问题予以判断、评价,并陈述其理由和依据

具体编码过程中,由于管理类提问不多,故不再对两种管理类提问进行细度划分。需要注意的是,管理类提问有别于课堂管理。本研究界定的管理类提问指向教学进度或者对学生的关怀;而课堂管理指向秩序类监管,或者指向促进整个课堂的推进。

六、基于 CPB 的师生互动编码

学生做题和教师提问都是实现师生互动的方式,学生听讲是师生互动中相对静态却占据主导的学生行为。

根据 CPB,本研究将师生互动分成五种模式,具体见表3-4。

表3-4　师生互动模式

	内　涵	释　义
互动模式1	教师提问—学生回答	教师对学生(个别、小组或全班)提出问题、学生作出(或者没有作出)回答的互动方式,强调教师的输出
互动模式2	学生提问—教师回答	学生(个别、小组或全班)提出问题、教师作出(或者没有作出)回答的互动方式,强调学生的输出

---

〔1〕 BLOOM B S, ENGELHART M D, FURST E J, et al. Taxonomy of educational objectives: the classification of educational goals, handbook I: cognitive domain[M]. New York: Longmans, Green and Company Limited, 1956.

〔2〕 申继亮,李茵.教师课堂提问行为的心理功能和评价[J].上海教育科研,1998(6):40-43.

续 表

	内 涵	释 义
互动模式3	教师讲解—学生听讲	教师对具体的问题、概念、定理或原则等进行系统严格地解释或论证、学生保持(或者没有保持)倾听状态的互动方式,强调教师的输出
互动模式4	学生做题—教师(个别或小组)辅导	学生试图完成教师布置的例题或者练习题,其间教师在班级中巡视并且给予学生所需要的解题帮助的互动方式
互动模式5	课堂管理	教师或学生(主要是教师)为了完成教学任务、调控人际关系、维护教学环境等引导学生规范行为的互动方式

对某一 CPB 发生过程中师生互动结构的编码,首先将过程中的师生互动依据五种师生互动模式进行编码,再将五种师生互动模式放置于各个 CPB 框架之中作进一步分析。

如表 3-5 所示,是来自 Lexicon-法的基于学生听讲的师生互动结构,将学生听讲水平划分为 A、B、C、D 四个层次。首先,依据是否有学生听讲,将课堂时间分为 12.30% 的无学生听讲和 87.70% 的有学生听讲;进而依据学生听讲水平,将 87.70% 的课堂时长划分为 79.00% 的 A 水平听讲,4.27% 的 B 水平听讲,2.37% 的 C 水平听讲以及 2.06% 的 D 水平听讲。在每一个学生听讲水平下,分别分析存在的师生互动模式以及各模式发生的频次。以 A 水平学生听讲为例,该水平学生听讲片段共 62 个,占据课堂时长的 79.00%,其中共发生 290 次师生互动行为,对应到互动模式 1~互动模式 5,频次分别为 113、42、66、41、28。

表 3-5　基于学生听讲的师生互动结构(Lexicon-法)

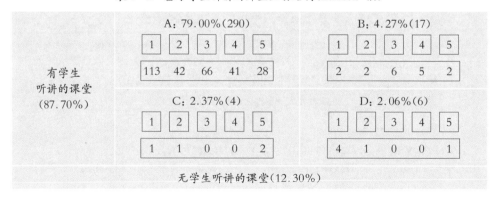

师生互动结构的分析和结构建立的模式因 CPB 而异,基于学生听讲的师生互动结构依据学生听讲水平进行划分;基于教师提问的师生互动结构依据教师提出

问题的水平进行划分;由于学生做题具有一定程度上的持续性,即整个课堂上的学生做题行为倾向于集中发生,因而基于学生做题的师生互动结构依据学生做题的行为片段进行划分。

在上述分析框架的指导之下,本研究主要聚焦 CPB 在各国课堂教学视频中的表征对 CPB 展开分析并形成结论。

七、编码的信度检验

信度检验几乎贯穿本研究编码过程的始终。质性研究中主要的信度检验具体为观察的稳定性、平行法以及评分者之间的信度[1]。

对前文所述的编码表,本研究采取多方验证的方法来控制编码的信度,以保证进一步研究的信度可靠。首先,在半年中对同一节 MIST 项目中的中国录像课进行编码,若所得结论一致率达到95%,则可采信(一致率>80%);其次,邀请数学教育领域内的专家 A 与笔者一起,分别对 Lexicon -法录像课中 01:24 至 07:23 的片段进行编码,编码一致性达到85%,并通过与该专家的进一步协商、调整,最终使得对该片段的编码达到基本一致,且未对原先的编码结构作出变动。基于此,本研究既检验了历时信度(diachronic reliability),也检验了共时信度(synchronic reliability)[2]。

综上,本研究中编码表的稳定性和可靠性得到了检验,可以作为进一步研究的基础工具之一。

---

〔1〕 科恩,马尼恩,莫里森.教育研究方法(第6版上册)[M].程亮,宋萑,沈丽萍,等译.上海:华东师范大学出版社,2015.

〔2〕 KIRK J, MILLER M I, BELLENGER D N, et al. Reliability and validity in qualitative research[J]. Journal of marketing research, 1986, 23(4): 397 - 398.

第四章/中学数学课
堂中的 CPB

作为后面几个章节的基础,本章节基于中国课堂教学环境探寻中学数学课堂中的 CPB,进而论证 CPB 的关键性表现,并进行层级分类。本研究将探寻得到的四个 CPB 分别置于澳大利亚、法国、芬兰的课堂教学情境之中,结合视频、文献以及访谈等资料,论证了在他国课堂教学中研究这四个 CPB 表征的合理性。

该部分的研究主要基于 Lexicon 项目所开发的中学数学课堂教学行为词典,结合视频审核和专家论证,探寻中学数学课堂教学中的 CPB;借助 CIT 技术、Polinode 软件,结合专家评判、问卷调查以及教师访谈,探寻教学行为的关键性,最终得出中学数学课堂上关键性较高的几个教学行为,构建教学行为关键性层级分类,并对中学数学课堂教学行为词典中的各教学行为进行层级分类。

研究过程中,注意检验专家之间的信度、专家对教学行为分类的信度以及问卷的信度和效度。

第一节 研究过程

本章研究流程图具体如下页图 4-1 所示。

一、确立研究目标

根据上述操作流程确立研究目标,即:探寻并提取中国中学数学课堂中的 CPB,进一步将教学行为进行层级分类。

本研究中对 CPB 的探寻主要分为两部分:在生成教学行为列表的基础上建立行为之间的关联,鉴别出关联度较低的行为;对于关联度较高的行为,继续采用问

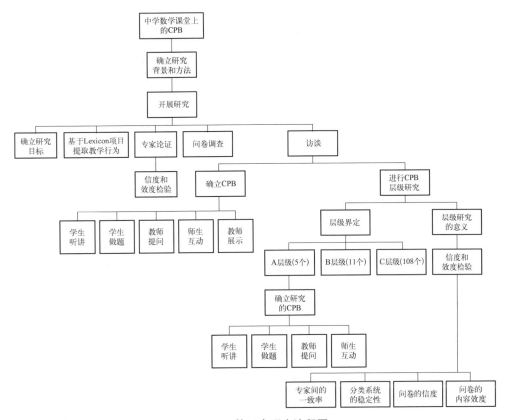

图 4-1　第四章研究流程图

卷调查和深度访谈的方式对其关键性进行排序,实现 CPB 的探寻以及教学行为关键性的层级分布构建。

二、提取教学行为

Lexicon 项目包含九个国家的九节八年级录像课,项目组研制了从录像课中提取教学行为术语的方法:以中国为例,项目组成员共同观看中国录像课,初步形成教学行为列表,继而分组观看其他八个国家的录像课,保证每节录像课至少有两人观看、编码,并在已形成的教学行为列表上进行补充和完善。

依据 CIT 研究方法中对于关键事件收集的标准提取课堂中的教学行为。由于录像课未能充分囊括中学数学课堂教学行为,研究团队在对九个国家的课堂录像进行教学行为提取时,仅提取 40 个教学行为。最终确定的 124 个教学行为中,约 32%来自 Lexicon 项目中的视频资料,约 68%来自六位数学教育领域专家和一线

教师的审核增删环节。

如表 4-1 所示,从视频资料中获取的教学行为占比在从中国、法国、澳大利亚三个国家提取后基本达到饱和(占比最高达 0.32,这三个国家的累计占比达到 0.29);进一步约请六位人员进行审核,直至达到饱和状态,出现冗余。需要注意的是,Lexicon 项目视频提取按照表中顺序依次进行,越往后新增越少;六位专家和一线教师的增删是同步进行的,也按照表中顺序依次作分析,但并不表示越靠后的人员贡献越少。该环节旨在对初步形成的教学行为词典进行补充,计算得到的冗余率符合 CIT 研究方法中的冗余标准,故接受视频提取和六位人员审核增删之后的中国中学数学课堂教学行为词典,共包含 124 个教学行为,这是本研究的基础。

表 4-1　教学行为提取数目及其占比

来源	Lexicon 项目视频提取									专家/一线教师增删					
	中国	法国	澳大利亚	芬兰	智利	德国	捷克	美国	日本	A	B	C	D	E	F
新增数目	23	8	5	1	1	2	0	0	0	51	9	12	7	4	1
累计数目	23	31	36	37	38	40	40	40	40	91	100	112	119	123	124
累计占比	0.19	0.25	0.29	0.30	0.31	0.32	0.32	0.32	0.32	0.73	0.81	0.90	0.96	0.99	1

注:六位专家/一线教师分别记为 A、B、C、D、E、F。

三、专家论证

整个课堂是一个有机整体,教学行为之间也存在着紧密联系,因而研究者进一步构建教学行为之间的联系,根据联系的程度建立教学行为的课堂关联指数,探寻课堂教学中存在的相对更为"关键"的行为。其中,"关键"指事物较为重要的部分,对整体起到决定性作用。

相对于孤立行为而言,一个行为与其他行为之间的链接越多,则它对整个课堂的直接影响和间接影响就越大,具有"牵一发而动全身"的影响力。

本研究中,课堂关联指数依据从属、顺序发生、同时发生这三种关系确定,由此建立中国中学数学课堂教学行为词典中各个行为之间的结构。结构建立的主要流程为:首先,依据行为主体(教师、学生或者师生共同进行)建立一级维度;接着,对教师行为、学生行为以及师生共同进行的行为进行类别划分以建立二级维度；最后，将所有 124 个教学行为归入二级维度下，形成从属结构图。在从属结构的基础之上，进一步根据课堂教学行为之间的发生顺序建立如下三种关系：顺序发生、同时发生、无时间上的关系（这种情况不标注），从而得到 124 个教学行为之间的关联结构。该结构的建立采取了 CIT 方法中的分类论证法，将 124 个教学行为分为 15 类。继而约请三位专家对这一结构进行论证，这也是 CIT 信度检验的重要方法之一。

建立结构后，借助 Polinode 软件形成可视化的教学行为结构，可进一步获知各教学行为的课堂关联指数，如表 4-2 所示，并将表中的教学行为定义为潜在 CPB。

表 4-2　潜在 CPB 及其课堂关联指数

潜在 CPB	学生听讲	教师讲解	自主学习	学生反馈	教师反馈	内容呈现	课堂管理	学生做题	合作学习	教师提问	学生讲解	学生展示	教师展示	师生互动	学生提问	教师辅导
课堂关联指数	34	32	24	23	17	14	13	12	11	9	7	7	6	6	5	3

注：由于其余教学行为的课堂关联指数为 2 或 1，从关联其他教学行为进而影响整个课堂的角度来看，其关键性过低，故不列入其中。

四、开发与完善研究工具

为了进一步研究中学数学课堂中的 CPB，本研究开发了半结构式的调查问卷，面向一线教师展开调查，并对问卷的信度和效度进行了检验。

（一）制定调查问卷

问卷调查的目标是进一步探寻中学数学课堂中的 CPB。问卷的开发由克拉克教授和笔者共同完成，其间经历了多次磋商。克拉克教授作为国际著名的数学教育研究者，对课堂教学研究以及录像研究有着较深的功底，并充分掌握数学教育研究方法。经由他指导开发的问卷具有较高的信度和效度，后续对该问卷的信度和效度检验也验证了这一点。

教师分别从课堂教学中的使用频率、日常交流中的使用频率、教学上的重要性这三个角度对表 4-2 中的 16 个潜在 CPB 进行排序。其中，教学上的重要性直观表明该教学行为的关键性，而在教学以及交流中的使用频率则保证了该教学行为的关键性不仅存在于理念中，而且存在于实践中，是联系理念与实践、教师与学生

的一座桥梁。

在此结构化排序的基础之上,问卷还要求作答者补充除问卷中 16 个潜在 CPB 之外的其在课堂教学中使用频率较高、在日常交流中使用频率较高以及认为在教学上的重要性更显著的其他教学行为。这既是对问卷的完善,其结果也可作为问卷完备的佐证。

(二) 完善调查问卷

在正式进行问卷调查前,邀请数学教育领域的五名专家对问卷进行审核,继而结合问卷对三名中学数学教师进行访谈,以便完善问卷。该部分的访谈主要针对问卷的可操作性以及被访者在问卷作答过程中遇到的问题。

访谈对象基本信息具体见表 4-3。

表 4-3 访谈对象基本信息

编号	工作单位	性别	教学年级	从教经验(年)	学历	职称	反馈问题
1	江苏省江浦高级中学	男	新疆班预科	5	本科	中学二级	无
2	上海市建青实验学校	女	初三	3	研究生	初级	无
3	新疆维吾尔自治区伊宁市第三中学	女	高二	3	研究生	中学一级	课型差异

有被访谈者反馈,问卷填答中发现教学行为的排序受到课型的影响。针对该问题,笔者认为此调查问卷不设定具体课型,教师可根据各课型及具体内容综合作出判断,后续也将佐证 CPB 在不同课型和内容领域内的稳定性。

专家认可了问卷在操作上的可行性,访谈过程与结果也表明了该问卷不存在理解及操作上的问题和难度,且调查者与被调查者对问卷的理解无差异。

五、正式开展问卷调查

研究采取随机抽样的方式进行问卷调查,共发出问卷 124 份,回收 124 份,回收率 100%。去除不规范、低信度、无效样本 17 份,样本有效率 86.29%,其中有 10 年及其以上教龄的教师样本 72 份,占有效样本的 67.29%,教学经验丰富的教师样本一定程度上巩固了所获取 CPB 的信度。样本信息汇总具体见表 4-4。

表 4-4　样本信息汇总

	区域		性别		年级			从教经验(年)			学历			职　称			
	城	乡	男	女	七年级	八年级	九年级	1~5	6~9	>9	专科	本科	研究生	无	中学二级	中学一级	中学高级
数量	58	49	48	50	42	28	27	22	2	72	2	81	12	3	28	39	23
总数	107		98		97			96			95			93			

注：问卷作答过程中，未将完整填答视作问卷是否有效的标准，因此少数样本未完整填答基本信息，从而导致各类别下的问卷总数不一致。

六、呈现、分析并解释结果

经上述问卷调查后，每一份样本将以具体数值的形式，分别对 16 个教学行为从在课堂实践中的使用频率、交流表达中的使用频率以及教学中的重要性这三方面进行排序，进而依据这三组数据确定 CPB。

前文已指出 CPB 是对一个课堂教学行为重要性的解释，这种重要性主要借助在教学以及交流中的使用频率得以呈现。通过对部分教师的访谈发现，有一些教学行为虽其重要性得分很高，但在课堂教学中却未必能很好地落实；或其重要性可以借助非课堂的情境和媒介来展现，而对整个课堂教学而言，其关键性表现得并不是很明显。类似地，有一些教学行为无论是在课堂上还是在日常交流中都频繁出现，但是其教学上的重要性得分却未必高，这样的教学行为只能被称为高频行为，而不能称为关键行为。

借助第三章介绍的教学行为分值模型，依据每个样本对每个行为的排序可以得到一个三变量数组；计算所有样本对每个行为排序的均值，可以得到 16 个三变量数组，从而形成空间直角坐标系中的点阵。在空间直角坐标系中，计算各点到点(16, 16, 16)的距离，此处距离的取值范围应为$[0, 15\sqrt{3}]$。其中，距离 0 表明该教学行为具有最高的关键性，$15\sqrt{3}$是点(1, 1, 1)到点(16, 16, 16)之间的距离，表明该教学行为关键性最低。对距离的计算是在权重分值基础上的巩固论证，计算结果如表 4-5 所示。

表 4-5　潜在 CPB 权重分值以及对应点到点(16, 16, 16)的距离

教学行为	权重分值	距　离	教学行为	权重分值	距　离
师生互动	11.88	7.26	学生展示	9.37	11.67
教师展示	11.27	8.17	内容呈现	9.29	11.74

教学行为	权重分值	距　离	教学行为	权重分值	距　离
学生听讲	11.01	8.78	合作学习	8.99	12.15
学生做题	10.69	9.05	学生讲解	8.72	12.60
教师提问	10.62	9.45	学生提问	8.33	13.25
自主学习	9.92	10.67	教师反馈	8.18	13.40
学生反馈	9.56	11.30	课堂管理	8.12	13.95
教师讲解	9.39	11.48	教师辅导	7.56	14.38

第二节　中学数学课堂上的 CPB

本研究借助 CIT 方法，在 Lexicon 项目的基础上，借助问卷调查法以及访谈法生成中学数学课堂教学中关键性较高的五个教学行为：师生互动、教师展示、学生听讲、学生做题、教师提问。专家论证的环节保证了问卷具有较高的信度与效度，确保所收集的数据能够促进研究问题的有效解决。

上述研究过程中，初步产生了 16 个潜在 CPB，且之前已对"潜在关键"给出操作性界定：结构中与其他行为之间的链接数量较多的行为，即课堂关联指数较高的行为。研究所建立的课堂关联指数模型主要依据行为之间的关联，即：是否属于同一分类系统下，是否存在同时发生或者相继发生的时间序列关系等。

一、师生互动

师生互动的重要性显而易见，整个课堂就是一个师生交流互动的有机场域。教师与学生之间的沟通、互动、思维碰撞相当重要，因此教师在进行课堂教学时要充分考虑问题的选择、讲解的方式等能否有利于搭建一个益于师生互动、交流的平台。

问卷调查以及访谈均显示，无论是在课堂教学中的使用频率方面，还是在教师日常备课、教研等交流时的使用频率方面，师生互动均是最高的，在教学上的重要性也明显是最高的。

录像研究可知，整个课堂是一个有机的师生双边活动场所，无论是在中国还是其他国家的中学数学课堂中，师生互动都是常态、高频的教学行为。加之师生互动本身的外延广泛，几乎可以囊括整个课堂中的教学活动。因而，师生互动将是后文各个国家中学数学课堂教学中CPB分析的重点所在。

二、教师展示

教师展示关系到整个课堂的逻辑走向,合理恰当的展示将呈现出知识发生发展的逻辑走向。如何展示知识内容可以使得学生更容易接受?选择什么样的例题?如何设置问题情境?教师该如何引导?又该通过什么样的方式去展示?这些都是非常重要的问题,需要教师在备课时重点考虑。

访谈显示,教师展示尤其是结合多媒体展示知识内容、学生作品能够有效提升课堂教学效率,节约课堂时间。

三、学生听讲

从表4-2中的课堂关联指数可见,学生听讲以及教师讲解在整个课堂中存在较高的活跃度,一定程度上反映了中国数学课堂教学传统的讲授—听讲模式。对其他几个国家的录像研究发现,教师讲解和学生听讲也是数学课堂中的主要师生双边交互行为。以Lexicon-法为例,教师发声对应的学生听讲状态占据课堂总时间的87.7%,基本做到了只要有教师发声,学生就在听讲,可见学生听讲的重要性。

学生听讲贯穿课堂的始终,贯穿其他多个教学行为的发生发展过程中,因而它对于整个课堂的关键性不言而喻。学生听讲与其他教学行为的高度关联体现在多个方面,例如,学生听讲过程中教师讲解的方式,听讲过程中伴随的学生思考以及问题解决,听讲过程中教师的点拨,等等。学生听讲既影响学生自身的知识习得,也对教师的讲解内容和重点产生一定的影响。要想切实实现学生高质量的课堂听讲,应当注意到学生听讲与其他教学行为的高效并发,要把学生的主动学习与对知识的自主建构放在首位,而不是强调被动听讲、被动接受。

访谈结果显示,学生听讲固然重要,但是教师讲解的策略更为关键。这并非单纯地强调教师讲、学生听,而是通过教师启发式地讲来带动学生有效地听,鼓励学生在教师讲解的过程中积极参与、反馈、质疑。

四、学生做题

对于数学学科而言,学生做题具有显著的重要性,这一重要性不仅体现在课外,

也体现在课堂教学中,表现为课堂中的练习能随时跟踪学生知识习得的掌握程度并暴露其所存在的问题,从而为后续教学策略的改善提供支撑。这样的借助学生做题实现知识传递、巩固的模式在课堂中用得比较多。课堂录像也显示,学生做题是数学课堂的特征之一。以 Lexicon-法为例,学生做题占据课堂时间的 49.2%,即整个课堂约一半的时间学生处于自主做题状态。在自主做题状态的课堂中,教师的行为对整个课堂教学的质量和走向具有重要意义,将成为后续研究的重点之一。

对教师的访谈显示,学生做题离不开教师的点拨与辅导,而学生自己做题这一行为本身的重要性要远远大于教师的点拨与辅导。

五、教师提问

通过对从教 40 年的某特级教师进行访谈,发现教师的提问、启发是实现知识讲解和传递教学内容的主要方式。教师讲解具有不可替代的作用,其中教师讲什么、怎么讲,讲的过程、讲的智慧等都很重要。教师适时地提出问题再由学生解决,在解决问题的过程中,教师通过讲解进行启发,实现教师讲解与学生思考的有机组合,从而达到教学效果的最大化。在具体的教学过程中,教师应当学会甄别需要讲解什么样的内容,即什么样的内容应当进行"告诉式地讲解"。"告诉式地讲解"确实一定程度上剥夺了师生互动的机会,但是从课堂效率和教学效果的角度来看,有时不失为一种更为合理的选择。

课堂录像也显示,教师提问是教师讲解的常用策略之一。以 Lexicon-法为例,课堂上教师一共提问个别学生 81 次,提问全班 42 次,合计 123 次,平均课堂话语量占比共计 14.2%。又如,在 Lexicon-澳的课堂上,教师一共提问个别学生 91 次,提问小组 5 次,提问全班 45 次,合计 141 次,话语量占比为 12%。不难发现,法国、澳大利亚的这两节课在教师提问的表征上具有一定的一致性。

六、CPB 的共同作用构建出高效课堂

CPB 并非孤立存在,而是相互作用、相互关联的,共同作用构建出高效课堂。这一结论的依据来自两个方面:一是从课堂关联指数可以发现,教学行为之间是密切关联的;二是从对资深特级教师的访谈中可以再次证实这一结论。访谈发现,从具体的教学情境出发,CPB 并非孤立地表现出关键性,其关键性的体现有赖于其他教学行为适时且合理的呈现。

本研究基于 Lexicon 项目,该项目中其他国家的课堂教学行为之间也必然存在着关联以及关键性的分层表现。已有初步探寻可知,差异与共性并存,各国中学数学课堂存在着一定程度的共同关切,同时也存在着不同文化背景下的差别,因而后续研究将对其他国家的中学数学课堂教学行为进行类似的层级分布研究,并进行国际比较,这对于探寻不同文化背景下的国际中学数学课堂关切具有一定的指导意义。

第三节　教学行为的层级

在开展 Lexicon 项目的过程中,各国对于各自的中学数学课堂教学行为词典在本国范围内广泛征求意见,对每一术语都标注了"熟悉度"和"使用频率",由此发现一个共同特征:初步形成的各国教学行为词典中的术语在熟悉度和使用频率上表现出一定的层级性。鉴于此,本研究试图对教学行为进行关键性的层级研究。

一、层级界定

层级的界定主要依据上文的研究路径:教学行为(124 个)→潜在 CPB(16 个)→CPB(5 个)。

层级界定过程中,在各教学行为之间建立结构上的联系,得到课堂关联指数。若某教学行为的课堂关联指数低于 3,说明其与其他教学行为之间的关联性弱,联系度低,对整个课堂的影响力较小;从关联其他教学行为进而影响整个课堂的角度来看,其关键性较低。因此,可将这些教学行为归为一类,定为 C 层级,共计 108 个。与此同时,将除此之外的 16 个教学行为界定为潜在 CPB,并将其全部归入 A 层级或 B 层级。

对 A 层级和 B 层级的细化,主要基于问卷调查的结果,将最为关键的 5 个教学行为归入 A 层级,其余 11 个教学行为归入 B 层级,至此实现对 124 个教学行为的层级分类。

二、教学行为关键性层级分布

(一) A 层级

根据前文所述的研究结果(表 4 - 5),发现权重分值大于 10,且到点(16, 16, 16)

的距离小于 10 的教学行为有 5 个,即师生互动、教师展示、学生听讲、学生做题以及教师提问。本研究认为,CPB 的提取应更关注教学经验更丰富、教龄更长、职称较高的教师的调查结果。据此,对教龄在 10 年及其以上且具有中学一级或中学高级职称的教师样本(47 份)进行再分析,得到最为关键的 5 个教学行为,分别为师生互动、教师提问、教师展示、学生听讲以及学生做题,这与通过样本总体所获得的 5 个教学行为一致,仅在排序上有所不同。综上,将上述 5 个教学行为归入 A 层级,并界定为 CPB。

(二) B 层级

16 个潜在 CPB 中,将除 5 个 A 层级的 CPB 之外的 11 个教学行为归入 B 层级,具体包括教师讲解、自主学习、学生反馈、教师反馈、内容呈现、课堂管理、合作学习、学生讲解、学生展示、学生提问、教师辅导。

(三) C 层级

如前文所述,将 124 个教学行为中 108 个课堂关联指数小于 3 的教学行为归入 C 层级,包括布置任务、变式教学、记笔记等,在此不一一列出。

三、教学行为关键性层级研究的意义

通过对 CPB 的鉴别和分层,可知在中学数学课堂教学中,师生互动、教师提问、教师展示、学生听讲以及学生做题具有最为关键的影响力。从促进教学改进,助力学生学习以及教师教学的角度来看,对以上各行为投入更多的关注具有一定的积极效果。

结果显示,师生互动具有较高的关键性,既是课堂教学的重要关注点,也解释了师生互动何以是许多研究者及一线教师广泛谈论的一个话题[1]。可见,层级分布能够对当前教育研究的关切提供一定的解释,并对研究议题的选取具有一定的导向价值。

第四节　信度和效度检验

一、审阅专家之间的一致率

三位专家具有丰富的一线教学经验,并在进行数学教育领域内的相关研究时,

---

[1] 曹一鸣,贺晨.初中数学课堂师生互动行为主体类型研究——基于 LPS 项目课堂录像资料[J].数学教育学报,2009,18(5):38-41.

也具有相应的理论素养与研究功底,经过他们论证的中国中学数学课堂教学行为词典结构及各教学行为之间的关联度具有颇高的信度。表 4-6 呈现了三位专家之间以及专家与研究者之间针对初始建立的分类的一致率情况。

表 4-6　对初始所建分类的一致率情况

	一级维度				二级维度			时间关系维度	
	A—B—C	A—S	B—S	C—S	A—B	A—S	B—S	A—C	A—S	C—S
一致数目	121	102	103	99	81	104	100	102	109	115
一致率	0.98	0.82	0.83	0.80	0.65	0.84	0.81	0.82	0.88	0.93

注:三位专家分别记为 A、B、C,研究者记为 S。其中,一级维度评判三位专家均有参与(有至少两位专家分类一致,则认为三位专家之间达成一致[1]),二级维度评判由 A、B 两位专家参与,时间关系维度评判由A、C 两位专家参与。

通过表 4-6 可知,专家之间的一致率以及专家与研究者之间的一致率基本达到可接受的程度(>0.8)。通过项目研究者与专家的再商讨以及专家之间的讨论协商,将各自的见解进行合并,并继续论证合并后的结构。调整后,三个维度上的一致率继续上升,均超过了 0.9,基本形成稳定结构。

二、分类系统的稳定性

研究借助佩罗(Perreault)和利(Leigh)提出的分类信度指数公式进一步考察分类系统的稳定性和一致性[2],即

$$I_r = \sqrt{\frac{k}{k-1}\left(\frac{F_0}{N} - \frac{1}{k}\right)}, \quad \frac{F_0}{N} \geq \frac{1}{k},$$

其中,I_r 是分类信度指数,F_0 为彼此同意的内容数目,N 为内容总数,k 为类别数。当指数 $I_r \geq 0.8$ 时,可以判定分类的综合信度良好。经计算,一级维度、二级维度以及时间关系维度的信度指数分别为 0.99、0.79、0.9,平均为 0.89,即具有较

[1]　KHANDELWAL K A. Effective teaching behaviors in the college classroom: a critical incident technique from students' perspective [J]. The international journal of teaching and learning in higher education, 2009, 21(3): 299 - 309.

[2]　PERREAULT W D, LEIGH L E. Reliability of nominal data based on qualitative judgments[J]. Journal of marketing research, 1989, 26(2): 135 - 148.

高的信度,表明分类系统具有良好的稳定性。

三、问卷的信度检验

本研究约请五名一线教师和专家学者对问卷进行信度检验,一线教师的论证保证了以教师为调查对象的问卷能够很好地被理解,教育研究专家的论证则保证了该问卷在研究上的可行性。

研究借助霍尔斯蒂(Holsti)公式测定五名评判人员之间的信度[1],即

$$R = \frac{M}{\frac{1}{n}(N_1 + N_2 + N_3 + N_4 + N_5)},$$

其中,R 为信度指数,n 为评判人员数量,M 为共同接受的数目,$N_i(i=1、2、3、4、5)$ 为各个评判人员对某一列的评判数目。在本研究中,各列均为 16 个教学行为以供评判,因此 $N_i(i=1、2、3、4、5)$ 均为 16,对各条目的接受情况具体见表 4-7。

表 4-7　评判人员对各条目的接受情况

人　员	"在您的课堂实践中的使用频率"接受数目	"在您的交流表达中的使用频率"接受数目	"您认为该行为在教学上的重要性"接受数目
A	16	16	16
B	15	15	16
C	15	16	16
D	16	16	16
E	16	16	14

霍尔斯蒂公式以 0.8 为界限,不低于 0.8 则表明评判人员之间具有较好的一致性。计算可得,五名评判人员之间的信度指数 R 值的平均值为 0.90(其中,$R_1 = 0.88$,$R_2 = 0.94$,$R_3 = 0.88$,R_i 表示第 i 个角度的信度指数),大于标准参考值 0.8,表明评判人员之间具有很好的一致性。进一步地,计算得到每两名评判人员之间的信度指数值,均在 0.90 以上,表明评判人员两两之间的信度较高,具体见表 4-8。

---

[1] HOLSTI O R. Content analysis for the social sciences and humanities[M]. Mass:Addison-Wesley, 1969.

表4-8　评判人员两两之间的信度

人　员	A	B	C	D	E
A	1	0.96	0.98	1	0.96
B		1	0.96	0.96	0.92
C			1	0.98	0.94
D				1	0.96
E					1

四、问卷的内容效度检验

在保证问卷内容信度的基础之上,进一步论证问卷的内容效度。依据各评判人员对各条目所给出的"接受"(记 1 分)或者"不接受"(记 0 分)的判断,进行问卷的内容效度检验。在波利特(Polit)提出的内容效度指数(content validity index,简称 CVI)的基础上[1],根据评判人员数量,本研究对原公式进行了调整,得到契合本研究实际情形的拓展公式,即

$$CVI = \frac{\dfrac{\sum\limits_{j=1}^{16}\sum\limits_{i=1}^{5}\left(n_{ij} - 16 \times \dfrac{N}{2}\right)}{\dfrac{N}{2}}}{16},$$

其中,n_{ij} 表示第 i 名评判人员对第 j 个因子与整个问卷的相关度评判("接受"则相关度为 1,"不接受"则相关度为 0),N 表示评判人员数量。调查问卷中每一列的每一个因子,均需要五名评判人员独立判别其与待研究问题的相关度。先利用上述公式,分别计算问卷中三列的内容效度指数,得到 $CVI_1 = 0.95$,$CVI_2 = 0.98$,$CVI_3 = 0.95$;再计算三列内容效度指数的均值,将其作为整个问卷的综合 CVI,得到 $CVI = 0.96$,达到 0.9 的标准参考值,表明综合效度良好。

综上,既验证了评判人员之间的信度,又验证并肯定了问卷本身的信度和效度,可以判定该问卷能用于调查且能获取有效信息。

---

[1] 王萍,王毅,罗军,等.关键事件技术与主成分分析法在高校图书馆服务质量评价中的应用[J].情报理论与实践,2012,35(12):79-85.

第五节 后续研究的 CPB 及其合理性论证

本节着重解决如下两个问题：

（1）确定后续章节进行重点研究的 CPB；

（2）论证基于中国课堂教学情境得到的 CPB 在其他文化背景下的课堂教学中进行研究的合理性。

一、确定研究的 CPB

结合问卷调查和访谈，得出了教学行为的层级分布。其中，处于 A 层级的教学行为不仅在课堂教学中、在教师日常交流中的使用频率较高，还显示出教师认为它们在教学上有着显著的重要性。

通过录像分析，得到学生听讲是占据绝对主导地位的高频教学行为；学生做题是数学知识传递和接收的特别方式；教师提问是教师进行讲解、引导、启发、传输知识乃至进行课堂管理的重要方式；整个课堂是一个师生互动的有机生态系统，因而师生互动外延最广。本研究中主要研究如下五种师生互动模式：教师提问—学生回答；学生提问—教师回答；教师讲解—学生听讲；学生做题—教师辅导；课堂管理。这五种互动模式不仅将学生听讲、学生做题、教师提问这三个 CPB 包括其中，还将中国课堂中重要的知识传输方式——教师讲解也包括其中。

后续章节对课堂教学中 CPB 的研究将着重关注学生听讲、学生做题、教师提问以及由这三个 CPB 及其他教学行为所构成的师生互动系统。

二、在国外课堂教学中进行 CPB 研究的合理性

（一）参考 Lexicon 项目研究成果

Lexicon 项目实施过程中，各国得到针对各自国家的课堂教学行为词典，本研究中的四个 CPB 均在澳大利亚、法国和芬兰的课堂教学行为词典中。在已有教学行为列表的基础上，各国进行了一定范围内的问卷调查，调查问题具体如下：

（1）您对这一术语熟悉吗？

（2）您在交流中使用该术语吗？

（3）其他教师普遍使用该术语吗？

（4）根据您的经验，该术语能否指向某一频繁发生的教学行为？

各国问卷调查的初步结论显示，对于澳大利亚课堂教学行为词典中的所有教学行为，都有超过$\frac{2}{3}$的人表示熟悉；对于法国课堂教学行为词典中的所有115个教学行为，其中97个有超过$\frac{2}{3}$的人表示熟悉，且本研究所确定的CPB也在高熟悉度教学行为列表中；芬兰课堂教学行为词典中共有104个教学行为，虽然它们的熟悉程度、使用频率差异较大，但是待研究的四个CPB都有较高的熟悉度和使用频率；我国课堂教学行为词典中共包括124个教学行为，其中约94%的教学行为有超过80%的人表示熟悉且较常使用，待研究的四个CPB的熟悉度均达到100%，再次验证了其关键性，显示出对其进行深入研究的必要性和价值。

（二）对澳、法、芬专家的访谈佐证

本研究对获取的四个中国中学数学课堂中的CPB，分别援请霍林斯沃思、汉努拉、阿蒂格三位专家进行访谈。访谈的主要内容是这四个中国中学数学课堂中的CPB在其各自国家的中学数学课堂上是否同样是高频、关键的教学行为；如果不是或者不完全是，则其国家中学数学课堂上的CPB有哪些。

三位专家均表示，这四个教学行为不仅在中国课堂中，在其他多国中学数学课堂中都是关键、重要、高频的教学行为，但是受课型、内容的影响会使得其关键性有所浮动和变化。其中，阿蒂格教授和汉努拉教授表示，法国和芬兰的课堂有着悠久的注重学生做题的传统，因而学生做题是一个不容忽视的CPB。三位专家，尤其是霍林斯沃思博士依据她对TIMSS 1999录像的分析，特别强调师生互动以其多样化的形式必然成为CPB之一。此外，三位专家表示，根据已有的课堂教学研究结果，教师提问不仅是各国中学数学课堂中非常关键的教学行为之一，亦是师生之间交流互动、知识传输的重要媒介；而学生听讲作为主导的学生行为之一，同样不能忽视。特别地，阿蒂格教授表示，由于缺乏对这几个CPB在不同国家中的比较研究，因而本研究颇有意义。

三位专家作为各自国家数学教育领域内的权威人物，他们对各国中学数学课堂的认识深刻且独到，一定程度上佐证了这四个CPB在其他国家课堂教学中的适

用性。但是,本研究仅是以此作为判断的初步基础,更为依托的是录像研究所获得的实证结论。

(三) 探寻课堂录像中的教学行为

对几个国家课堂教学视频的研究均显示,上述待研究的四个 CPB 在课堂中都是高频且重要的教学行为,这也是各国课堂的共同特征之一,差异在于 CPB 的表征形式,后续将作进一步研究。

仍以 Lexicon-法为例,学生听讲状态占课堂总时间的 89.98%,学生做题占49.2%,教师共提问个别学生 81 次,提问全班 42 次,合计 123 次,话语量在整个课堂中的占比为 14.2%,这些都表明这三个教学行为的高覆盖率和重要性,而对学生听讲的重点关注关系到整个课堂的有序进行以及教学目标的有效达成。

类似地,对澳大利亚、芬兰课堂录像的分析均显示这几个 CPB 亦是其中学数学课堂的重点关切。据此,本研究认为可以将基于中国课堂教学情境所获得的CPB 在国外课堂中进行相应的 CPB 研究与比较,这对丰富国际课堂教学比较的已有成果具有一定的意义。

上述三角互证的方法既是调查者的三角互证(Lexicon 项目、专家、研究者),又是方法的三角互证(Lexicon 项目方法、访谈法、录像分析法),同时还是理论的三角互证[1],一定程度上保证了基于中国课堂教学情境而探寻得到的 CPB 与其他国家的课堂关切具有高度的一致性,为后续的分析奠定了可靠的基础。此外,后文将进一步显示出这些教学行为在他国中学数学课堂中的关键性。

---

〔1〕 科恩,马尼恩,莫里森.教育研究方法(第 6 版上册)[M].程亮,宋萑,沈丽萍,
等译.上海:华东师范大学出版社,2015.

第五章 / 中国课堂 CPB 表征

本章节着眼于探究中国中学数学课堂中 CPB 的表征,研究样本主要由两方面构成:一是视频样本,分别是 Lexicon 项目中的一节中国录像课(下文均称 Lexicon‐中)和 MIST 项目中的两节中国中学数学课堂录像课(下文均称 MIST1、MIST2);二是对聚焦几个 CPB(主要是学生听讲、学生做题、教师提问以及师生互动)的已有文献进行内容分析。样本以视频为主,文献资料主要用于作进一步的完善和补充。

研究选取的三节中国录像课均选自知名的国际比较研究项目数据库,两个项目本身在操作过程中对于录像课的选取具有典型性,一定程度上能够呈现出该国中学数学课堂的基本形态和基本特征,一般不会表现出异常的状态。因而,虽然仅有三节录像课,但是很大程度上能够作为中国课堂的代表,进而能够描绘出中国课堂 CPB 表征,但是并不能囊括中国课堂教学的所有特征。

下面几个章节的视频选取同样立足于视频本身的典型性,因而具有同样的分析价值。但是,正如莫克和洛佩斯·里尔(Lopez-Real)所强调的,即使是分析多个教师对一个单元的连贯教学,如果试图从中概括出所谓的数学教学"国家模式",也几乎是不可能的[1]。同样地,克拉克分析了 LPS 的 25 节美国课堂录像,试图重现由 TIMSS 研究总结出的美国课堂教学模式,却得出 25 节课中的任何一节课都

〔1〕 MOK I A C, LOPEZ-REAL F. A tale of two cities: a comparison of six teachers in Hong Kong and Shanghai〔M〕//CLARKE D, KEITEL C, SHIMIZU Y. Mathematics classrooms in twelve countries: the insider's perspective. Rotterdam: Sense Publishers, 2006: 237 - 246.

不符合所谓的"美国模式"[1]。

因而本研究并非试图借助几节课总结出每个国家的 CPB 表征,而是试图从这几节能够代表各自国家的典型的中学数学课堂录像课中探寻出其表现出来的共性特征,并在此基础上重新表明其典型性,进而描绘出该国 CPB 表征。但毫无疑问的是,所得结论并不能代表该国所有的课堂形态,甚至存在完全与结论相反的课堂形态。需要说明的是,这不在本研究的讨论范围内,借助典型的课堂描绘各个国家中学数学课堂中几个 CPB 的呈现形式和实现方式即为本研究的目标所在。

研究主要聚焦 CPB 在三个课堂中的表征,分别从以下三个角度分析并获得结论,即:学生听讲的表征及其过程中的师生互动;学生做题的表征及其过程中的师生互动;教师提问的表征及其过程中的师生互动。

关于 Lexicon 项目,在前文已作介绍,故此处不再赘述。关于 MIST 项目,该项目始于 2007 年,获美国国家自然科学基金会(National Science Foundation, United States)支持,由美国范德堡大学教授、弗赖登塔尔奖获得者保罗·科布(Paul Cobb)领衔发起,其宗旨在于着力解决如下问题:如何在大范围内支持数学教师的发展,并辅助其开展相应的教学实践。中国于 2011 年参与 MIST 项目,并在 2011 年、2012 年收集了来自北京、重庆、沈阳和杭州共 75 名教师(北京 23 名,重庆 17 名,沈阳 18 名,杭州 17 名)的近 100 节录像课以供研究。其后,又有成都等地区参与该项目。本研究选取了 2011 年、2012 年 MIST 项目中来自北京、沈阳的各一节录像课进行质性分析,结合文献分析共同探寻中国中学数学课堂中的 CPB 表征。

研究过程大致如下:首先分析 Lexicon－中;进而补充 MIST1、MIST2 这两节录像课的结果,将三者作融合分析;随后结合已有文献补充论证中国中学数学课堂中的 CPB 表征;最后将视频分析结果和文献分析结果进行汇总。

以 Lexicon－中为例,中国课堂的座位安排如图 5－1 所示。在 MIST1、MIST2 这两节录像课上,除人数差异外,座位安排与之基本一致。

---

〔1〕 CLARKE D, MESITI C. Addressing the challenge of legitimate international comparisons: lesson structure in Australia and the USA[M]//BRAGG L, CAMPBELL C, HERBERT G, MOUSLEY J. Mathematics education research: innovation, networking, opportunity — proceedings of the 26th annual conference of the Mathematics Education Research Group of Australasia. Geelong: Merga (Deakin University), 2003: 230-237.

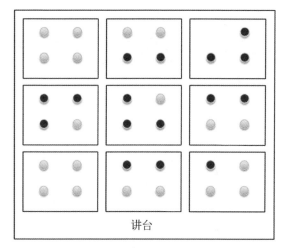

图 5 - 1　中国课堂的座位安排

注：⬤ 表示男生，⬤ 表示女生。

座位安排是开展教学的形式上的载体，中国课堂的座位安排是学生均面朝讲台，座位整齐摆放，这是中国课堂区别于其他国家课堂的表现之一。例如，在 Lexicon - 澳中，学生围坐在课桌周围，而课桌摆放无序，所以有一些学生会背对讲台，但是他们会根据教师的位置随时调整座位、转变方向，灵活度更大。

第一节　学生听讲的表征

一、学生听讲的卷入程度

研究中，NVivo 软件被用于对课堂录像进行质性编码，该软件在研究中的具体使用方法在研究工具部分已作介绍，此不赘述。

对 Lexicon - 中进行分析，发现整个课堂中，学生始终处于高水平卷入（A 水平或 B 水平）的听讲状态。随着听讲主体（全班、小组或个别学生）和教学内容的变换，可将 Lexicon - 中这节录像课上的学生听讲行为划分为 19 个听讲片段，表 5 - 1 直观呈现了各听讲片段的学生卷入程度和持续时间。其中，对全班和小组的水平划分界定如下：若全班或小组有 $\frac{2}{3}$ 的人达到 A 水平/B 水平/C 水平/D 水平，则认为全班或该小组的卷入程度为 A/B/C/D。

表 5-1　学生听讲片段分析(Lexicon-中)

片段编号	卷入程度	听讲主体	持续时间(s)	伴生教学行为				
				无	做题	记笔记	提问	思考
1	B	全班	2.92	✓				
2	A	全班	416					✓
3	A	全班	244					✓
4	A	全班	184.5		✓			✓
5	A	小组	18.5		✓			✓
6	A	全班	29					✓
7	A	小组	49.5					✓
8	A	全班	122					✓
9	A	全班	71.5		✓			✓
10	A	全班	41.5	✓				
11	A	全班	186.5		✓			✓
12	A	全班	144.5		✓			✓
13	A	全班	31	✓				
14	A	全班	195		✓			✓
15	A	全班	399		✓			✓
16	A	全班	43					✓
17	A	全班	195		✓		✓	✓
18	A	全班	37					✓
19	B	全班	8	✓				

观察表 5-1 可以发现,在 Lexicon-中这节课上,学生主动提问几乎没有,学生做题较为普遍,这一情况在另外两节中国录像课中也存在。进一步对三节中国录像课中的学生听讲行为作汇总,得到表 5-2,其中括号内表示相应的学生听讲片段数。

表 5-2　三节中国录像中学生听讲行为分布

视频来源	卷入程度	持续时间(s)	课堂占比(%)	听讲主体	伴生教学行为
Lexicon-中	A	2 407.5	97.87(17)	全班(15)、小组(2)	无(2)、做题(11)、提问(1)、思考(15)
	B	10.92	0.44(2)	全班(2)	无(2)

视频来源	卷入程度	持续时间(s)	课堂占比(%)	听讲主体	伴生教学行为
MIST1	A	1 767	78.19(15)	全班(8)、个别(7)	无(2)、做题(11)、思考(15)
	B	222	9.82(5)	全班(5)	无(2)、做题(3)、思考(3)
MIST2	A	2 587	96.53(10)	全班(10)	做题(8)、记笔记(7)、提问(1)、思考(10)
	B	75	2.80(3)	全班(3)	无(3)

注：三节课时长分别为 2 460 s、2 260 s、2 680 s，表中的占比是相对课堂总时间而言的。如果相对学生听讲时间而言，则该占比分别为 Lexicon–中：99.55%、0.45%；MIST1：88.84%、11.16%；MIST2：97.18%、2.82%。

通过观察表 5–2 可以发现，这三节录像课上的学生听讲均处于积极状态，学生能够认真、积极地听讲，学生整体的卷入水平较高，均能达到 A 水平或 B 水平，没有发生低水平的学生听讲。并且伴随课堂参与和互动，能够进行自我思考，但是记笔记和主动提出问题的情况较为欠缺。

没有出现低水平的学生听讲（C 水平或 D 水平）是中国课堂的显著特征之一，反映出如下三点：中国课堂的秩序较好，无需进行秩序类监管；学生主动学习意识较强，不需要教师的提醒或监管；教师讲解对学生有吸引作用。

从听讲主体来看，以全班学生听讲为主导，表明课堂上知识的传输形态以面向集体学生的传输为主；鲜有以小组学生为听讲主体的情况，反映出课堂中小组学习较少；存在个别学生听讲，主要发生在教师对个别学生进行辅导时，但是该形态也较少。

二、学生听讲过程中的伴生教学行为

这一部分主要解决这样两个问题：整个课堂中，伴随学生听讲的行为是什么，以及这些行为发生的多寡？在不同水平学生听讲过程中，伴随着什么样的教学行为？

如图 5–2 所示，表明在学生听讲的过程中主要发生的教学行为依次是教师提问、学生回答、教师反馈，且三节录像课具有高度的一致性。师生互动方面，可以发现整个课堂都是一个师生互动的场域。其中，教师提问—学生回答是师生之间展开互动的主要表现形式和实现方式，它的高频发生表明师生互动也是学生听讲过程中的主要伴生教学行为。这一结果与问卷调查所得出的师生互动

是中学数学课堂中的 CPB 这一结论存在一定的一致性,说明基于问卷和访谈得到的 CPB 与具体课堂教学情境中的重点关切具有高度一致性,从而再次论证了本研究中教学行为的关键性。

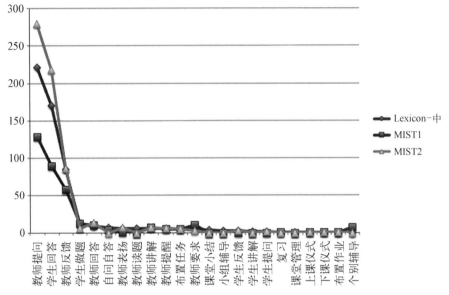

图 5-2 学生听讲过程中的伴生教学行为发生频次

伴生教学行为的发生在不同听讲水平之下呈现不同形态。表 5-1 显示,在中国课堂上,学生听讲大多处于 A 水平,其次是 B 水平;且 A 水平覆盖了整个课堂的多数时间,使得伴生教学行为更多发生在 A 水平的学生听讲中。

汇总三个课堂录像中不同学生听讲水平下(A 水平和 B 水平)的教学行为,其中 A 水平的学生听讲是主体。在 B 水平的学生听讲过程中,伴生教学行为较少,主要有上课仪式、下课仪式、布置作业,表明学生有时在不涉及具体课堂知识习得时的听讲卷入状态相对略低,且上课仪式等几个伴生教学行为本身不需要学生进行思考,因而导致学生听讲水平略低。

三、基于学生听讲的师生互动结构

本研究选取的 CPB 中,师生互动具有最为广泛的外延,其余三个 CPB,即学生听讲、学生做题、教师提问均可以包括在其中,甚至整个课堂都可以作为一个有机的师生互动场域。因而对每一节课堂录像的分析、每一个 CPB 的分析,考虑将其放入师生互动场域之中,试图探寻相关 CPB 发生过程中的师生互动主要模式及其结构,并据此建构基于师生互动的课堂教学结构。

根据前文对师生互动的模式建构,研究主要聚焦五种师生互动模式,即教师提问—学生回答、学生提问—教师回答、教师讲解—学生听讲、学生做题—教师辅导、课堂管理,分析、汇总后得到本研究中三节中国中学课堂中学生不同听讲水平下的师生互动结构,具体见表5-3。

表5-3 中国课堂中基于学生听讲的师生互动结构

有学生听讲的课堂 (95.33%)	A: 91.18%(663)				
	1	2	3	4	5
	628	4	20	10	1
	B: 4.15%(1)				
	1	2	3	4	5
	1	0	0	0	0
无学生听讲的课堂(4.67%)					

注:1~5表示的是师生互动模式1~互动模式5。

从表5-3中可看出,教师提问—学生回答这一互动模式是中国中学数学课堂中占据绝对主导地位的互动形式,该互动模式在三节录像课上所有师生互动中的占比达到近95%。A水平的学生听讲中,五种师生互动模式得以完整呈现,而在B水平学生听讲的过程中几乎没有出现师生之间的互动。换言之,当师生之间进行互动时,学生始终能够保持最高水平的卷入状态,能够积极、认真地听讲。

除教师提问—学生回答模式的主导作用之外,教师讲解—学生听讲的互动模式(互动模式3)也是中国中学数学课堂上主要沟通教师和学生的桥梁。在编码过程中,由于教师讲解具有时间上的持续性,而教师提问和学生回答是短暂的动作行为,因而虽然教师讲解—学生听讲模式发生的频次不多,但是其实际课堂占比却不容忽视,是中国中学数学课堂中实现师生互动的重要媒介。

第二节 学生做题的表征

在Lexicon-中这节课上,通过对学生做题行为的分析发现,作为一节习题课,

学生所做的都是对已掌握知识的练习,且都采取独立做题的方式,没有出现学生板演的情况。这一部分主要解决如下问题:在常态的中国课堂上,学生做题的实现方式是怎样的?学生主要做的是练习题还是例题?做题方式倾向于独立做题还是同伴互助或者小组做题?

一、学生做题的呈现方式

结合CPB编码表,对学生做题呈现方式的探究主要从以下几个方面进行:(1) 所做题目的呈现方式(例题或练习题)以及内容,即探究学生做什么;(2) 行为的持续时间,指向时间投入;(3) 学生做题行为主体的呈现方式(独立做题、小组合作或集体做题),即探究学生做题的合作方式;(4) 学生做题行为的实施场域(座位上、黑板上或电脑前),即探究学生在哪里做题。从上述四点来描述学生做题行为,呈现中国课堂上学生做题行为的表征,结果具体见表5-4。

表5-4 中国课堂学生做题的呈现方式和持续时间

视频来源	片段	持续时间(s)	课堂占比(%)	做什么	怎么做	场域
Lexicon-中	1	228	9.27	练习题	集体做题	座位上
	2	111	4.51	练习题	集体做题	座位上
	3	314	12.76	练习题	集体做题	座位上
	4	140	5.69	练习题	集体做题	座位上、黑板上
MIST1	1	487	21.55	例题	独立做题	座位上
	2	464	20.53	练习题	先独立做题,再集体做题	座位上
	3	243	10.75	例题	独立做题	座位上、黑板上
MIST2	1	34	1.27	练习题	集体做题	座位上
	2	63	2.35	练习题	集体做题	座位上
	3	26	0.97	例题	独立做题	座位上
	4	756	28.21	练习题	集体做题	座位上
	5	57	2.13	练习题	集体做题	座位上

课堂练习是中国数学课堂的显著特征之一。从表中可以看出,这三节课上的

学生做题行为表现出高度趋同性,该趋同性同样存在于其他中国中学数学课堂中。由于 Lexicon－中是一节习题课,因而学生所做的都是练习题,而在 MIST1、MIST2 的课堂上,学生所做题型兼有练习题和例题;对于部分例题,教师会让学生完成读题后直接进行讲解,另外一些例题则会让学生先独立解题,再进行全班范围的集中讲解;集体做题是中国课堂上学生做题行为与其他几个国家课堂的显著差异之一,即学生跟随教师的节奏共同完成题目解答;学生做题的场域以在座位上完成为主,教师偶尔会让学生板演。

从时间上来看,学生做题约占课堂总时间的 30%～55% 不等,这也佐证了学生做题这一教学行为的关键性。

二、学生做题过程中的伴生教学行为

学生做题这一教学行为的发生过程中,伴随着其他课堂教学事件的发生。以 Lexicon－中为例,图 5－3 具体呈现了在这节课堂上学生做题教学行为过程中的伴生教学行为。

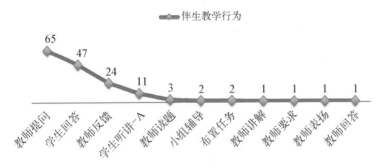

图 5－3　学生做题过程中的伴生教学行为发生频次(Lexicon－中)

从图中可以看出,发生频次靠前的几个教学行为依次是教师提问、学生回答、教师反馈。不仅反映了学生做题过程中的教师参与状态积极,还表明教师提问—学生回答是学生做题过程中师生互动这一 CPB 的主要实现方式。

进一步研究 Lexicon－中 4 个学生做题片段中的伴生教学行为,结果如图 5－4 所示,表明了学生做题行为过程中课堂态势的趋同性。

在 MIST1、MIST2 这两节录像课中,学生做题过程中的伴生教学行为与之类似,教师提问—学生回答依旧是此过程中的主导教学行为,体现了教师的积极参与和指导。

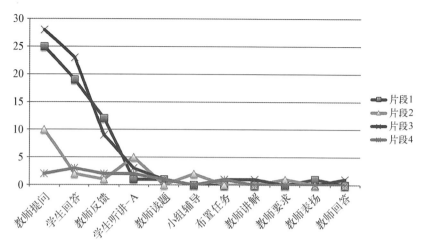

图 5 - 4　4 个学生做题片段中的伴生教学行为发生频次(Lexicon - 中)

三、基于学生做题的师生互动结构

　　对伴生教学行为的研究显示,教师提问—学生回答这一互动模式是学生做题过程中教师与学生之间主要的沟通方式,体现了师生之间高强度、高水平的互动,表明学生做题过程中的师生互动主要表现为师生之间基于解题需求的问答。

　　进一步分析后,分别得到三节录像课上学生做题过程中的师生互动结构,具体见表 5 - 5、表 5 - 6、表 5 - 7。

表 5 - 5　基于学生做题的师生互动结构(Lexicon - 中)

有学生做题的课堂(32.23%)	片段 1:9.27%(25)						片段 2:4.51%(12)				
	1	2	3	4	5		1	2	3	4	5
	25	0	0	0	0		10	0	0	2	0
	片段 3:12.76%(29)						片段 4:5.69%(6)				
	1	2	3	4	5		1	2	3	4	5
	28	0	0	1	0		4	0	0	2	0

无学生做题的课堂(67.77%)

表 5-6　基于学生做题的师生互动结构(MIST1)

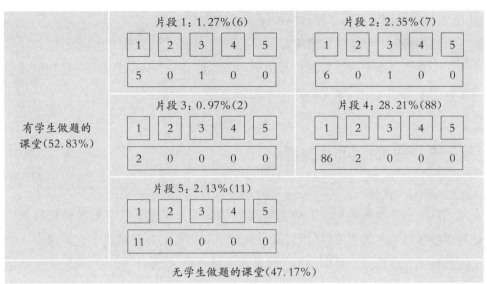

表 5-7　基于学生做题的师生互动结构(MIST2)

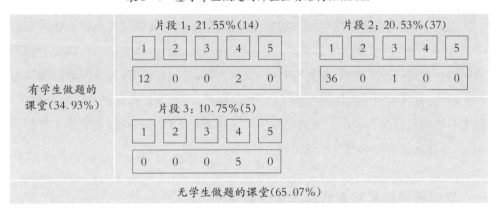

上述表格分别展示了三节录像课上,每个学生做题片段中的师生互动模式分布及其发生频次。以 Lexicon-中为例,从表 5-5 中可以发现,互动模式 1 即教师提问—学生回答在 4 个学生做题片段中均是主导的互动类型;鲜有互动模式 3 和互动模式 4,即教师讲解—学生听讲和学生做题—教师辅导;没有出现互动模式 2 和互动模式 5,即学生提问—教师回答和课堂管理。

综合分析三节录像课可知,学生做题过程中,互动模式 1~互动模式 5 发生的次数分别为 225、2、4、11、0。这一结果与其他国家的课堂相比具有显著差异,表明中国课堂上学生做题过程中师生互动的主要形式为问答式互动,即由教师发起提问,学生进行回答。需要注意的是,不同于问答式的互动模式 1 和互动模式 2,互动

模式3和互动模式4虽然在发生次数上并不多,但是教师讲解和教师辅导具有时间上的持续性,因而不能忽视这两种师生互动模式。

以教师提问—学生回答为绝对主导,没有出现课堂管理这一互动模式,构成了中国中学数学课堂上学生做题过程中师生互动的特色之一,是中国课堂学生做题表征区别于其他几个国家课堂的标志之一。

第三节 教师提问的表征

前两节对学生听讲和学生做题这两个CPB表征的解析已显示教师提问是中国中学数学课堂上的重要教学行为,由教师提问构成的互动模式1也是课堂上最主要的师生互动模式。师生问答尤其是教师提问—学生回答这种互动模式是师生之间进行沟通与互动的主要模式,因而本节的分析更为聚焦作为师生互动主要媒介的教师提问在中国中学数学课堂中的呈现形式和实现方式。

前文中,教师讲解与学生听讲构成互动模式3,学生做题与教师辅导构成互动模式4;本节中,教师提问与学生回答构成互动模式1。本节将首先对课堂上教师提问的行为进行基本编码,如提问对象、提问内容、提问目的等;再分析教师提问这一CPB发生过程中的其他伴生教学行为;进而将几个CPB进行融合联动分析,特别考察教师提问过程中学生听讲和学生做题这两个CPB的表征;最后基于教师提问,探寻在此过程中的师生互动结构。

一、教师提问的呈现方式和课堂话语量

利用NVivo软件对课堂录像进行关于教师提问的编码,主要分为两个步骤。

第一步:对问题数量、教师提问对象(个别学生、小组或全班)、提问内容以及话语量进行统计分析,结果见表5-8。其中,话语量以课堂转录的文字量计入;平均课堂话语量占比是针对一节课而言的;问题数量是对三节课的汇总结果。因此,得到本研究中单个问题平均话语量公式:

$$单个问题平均话语量=\frac{平均课堂话语量占比\times课节数}{问题数量}\times100\%。$$

表5-8 基于提问内容的教师提问分析(中国)

提问对象	提问内容	问题数量	问题数量占比(%)	平均课堂话语量占比(%)	单个问题平均话语量(%)
个别学生	知识类	15	2.32	0.75	0.15
	解题类	98	15.15	5.15	0.16
	管理类	5	0.77	0.32	0.19
		118	18.24	6.22	0.16
小组	知识类	0	0	0	0
	解题类	1	0.15	0.05	0.15
	管理类	0	0	0	0
		1	0.15	0.05	0.15
全班	知识类	146	22.57	7.61	0.16
	解题类	320	49.46	18.42	0.17
	管理类	36	5.56	1.01	0.08
		502	77.59	27.13	0.16
自问自答		26	4.02	2.16	0.25

由表5-8可知,从问题数量和教师提问对象来看,教师提问以面向全班学生的提问为主,占提出问题总数的近80%,对个别学生的提问占提出问题总数的近20%,几乎没有发生教师对小组学生的提问。由此可见,教师提问作为师生互动的主要形式,其中师班互动占据主导地位,师个互动频繁,师组互动欠缺,与曹一鸣等人的研究结果一致[1]。特别地,对教师的自问自答也作了相关统计。

从单个问题的平均话语量(以字数计入)来看,针对个别学生和全班的提问,教师提问的话语量相当,且对知识类、解题类以及管理类问题的话语量也基本一致。

观察录像课可知,教师对学生进行提问时,倾向于提出详细、情境化的问题,因而在话语内容上显得更为丰富充实;在情境化和具体化的提问之后,教师如果有相关后续追问,话语量则略微减少。中国课堂中,教师倾向于进行启发式提问,在描述问题时往往会对问题进行细致拆分,以便学生对问题本身能足够清晰,从而使得话语内容更为丰富充实。

---

〔1〕 曹一鸣,贺晨.初中数学课堂师生互动行为主体类型研究——基于 LPS 项目课堂录像资料[J].数学教育学报,2009,18(5):38-41.

根据第三章所构建的教师提问编码表及分析框架,教师提问在内容上分为对知识点的提问、针对解题的提问以及管理类提问。其中,管理类提问指的是指向教学进度、秩序或者对学生的关怀等课堂管理类问题。由表5-8可知,管理类提问主要存在于对全班学生的提问中,共达37次,占问题总数的5.72%。中国课堂上的管理类提问均指向对教学进度的监管,而没有出现关于秩序监管或者人文关怀的提问,表明中国课堂的秩序井然。并且,从录像课中可知,管理类提问具有简洁、快捷的特点,针对性强、言简意赅。

至此完成教师提问的第一步编码。

第二步:对三节课上的647个问题进行二次编码,二次编码主要考查问题类型。本研究参照申继亮、李茵[1]提出的分类标准对教师提问进行水平划分,得到六种问题类型,即回忆型、理解型、运用型、分析型、综合型、评价型,并在此基础上增加管理类提问。基于这七种问题类型,对教师提问作量化分析,具体结果见表5-9。

表5-9 基于问题类型的教师提问分析(中国)

提问对象	问题类型	问题数量	问题数量占比(%)	平均课堂话语量占比(%)	单个问题平均话语量(%)
个别学生	回忆型	14	2.16	0.67	0.14
	理解型	15	2.32	0.58	0.12
	运用型	56	8.66	3.05	0.16
	分析型	24	3.71	1.52	0.19
	综合型	2	0.31	0.06	0.09
	评价型	2	0.31	0.02	0.03
	管理类	5	0.77	0.32	0.19
		118	18.24	6.22	0.16
小组	回忆型	0	0	0	0
	理解型	0	0	0	0
	运用型	0	0	0	0
	分析型	1	0.15	0.05	0.15
	综合型	0	0	0	0
	评价型	0	0	0	0
	管理类	0	0	0	0
		1	0.15	0.05	0.15

[1] 申继亮,李茵.教师课堂提问行为的心理功能和评价[J].上海教育科研,1998(6):40-43.

提问对象	问题类型	问题数量	问题数量占比(%)	平均课堂话语量占比(%)	单个问题平均话语量(%)
全班	回忆型	88	13.60	4.43	0.15
	理解型	169	26.12	9.79	0.17
	运用型	90	13.91	5.00	0.17
	分析型	88	13.60	4.85	0.17
	综合型	16	2.47	1.22	0.23
	评价型	15	2.32	0.83	0.17
	管理类	36	5.56	1.01	0.08
		502	77.59	27.13	0.16
自问自答		26	4.02	2.16	0.25

在七种问题类型下对教师提问作数据分析后,继续依据申继亮、李茵[1]提出的分类标准,将回忆型、理解型、运用型问题归入低认知水平的提问,将分析型、综合型、评价型归入高认知水平的提问,同样增加管理类提问,由此得到表5－10、表5－11的分析结果。与表5－10相比,表5－11并未对提问对象作区分。需要说明的是,本研究在提问水平划分的界定上,对管理类提问的水平层级不作探究;同时,与之前相同,包括了教师自问自答的数据统计,但此类不列入提问水平的划分中。

表5－10　基于提问对象和提问水平的教师提问分析(中国)

提问对象	提问水平	问题数量	问题数量占比(%)	平均课堂话语量占比(%)	单个问题平均话语量(%)
个别学生	低认知水平	85	13.14	4.29	0.15
	高认知水平	28	4.33	1.61	0.17
	管理类	5	0.77	0.32	0.19
		118	18.24	6.22	0.16
小组	低认知水平	0	0	0	0
	高认知水平	1	0.15	0.05	0.15
	管理类	0	0	0	0
		1	0.15	0.05	0.15

---

[1]　申继亮,李茵.教师课堂提问行为的心理功能和评价[J].上海教育科研,1998(6):40－43.

提问对象	提问水平	问题数量	问题数量占比(%)	平均课堂话语量占比(%)	单个问题平均话语量(%)
全班	低认知水平	347	53.63	19.23	0.17
	高认知水平	119	18.39	6.89	0.17
	管理类	36	5.56	1.01	0.08
		502	77.59	27.13	0.16
自问自答		26	4.02	2.16	0.25

表 5-11 基于提问水平的教师提问分析(中国)

提问水平	问题数量	问题数量占比(%)	平均课堂话语量占比(%)	单个问题平均话语量(%)
低认知水平	432	66.77	23.52	0.16
高认知水平	148	22.87	8.55	0.17
管理类	41	6.34	1.34	0.10
自问自答	26	4.02	2.16	0.25
	647	100	35.57	0.16

以上几个表格的数据显示,教师提问以低认知水平的问题为主,高认知水平的问题也占据一定的比重。无论是对个别学生还是对全班学生进行提问,均以低认知水平的问题为主,兼有高认知水平的问题。低认知水平的问题中,面向个别学生提问时以运用型问题为主,面向全班学生提问时以理解型问题为主;高认知水平的问题以教师要求学生进行分析为主,表明教师倾向于通过提问促进学生对问题进行分析,从而帮助学生解题和加深理解。

二、教师提问过程中的伴生教学行为

在教师提问这一教学行为的发生过程中,同时伴随着其他的课堂教学行为。图 5-5 为三节中国录像课上,在教师提问过程中所发生的其他教学行为及其相应频次。需说明的是,前文已将 Lexicon-中这节课中的学生听讲行为划分为 19 个听讲片段,然而在每个听讲片段中,根据教师提问这一行为继续将学生听讲片段划分为更小的片段,因此图 5-5 中学生听讲-A 的频次远高于学生听讲片段数,下文也作相应处理。

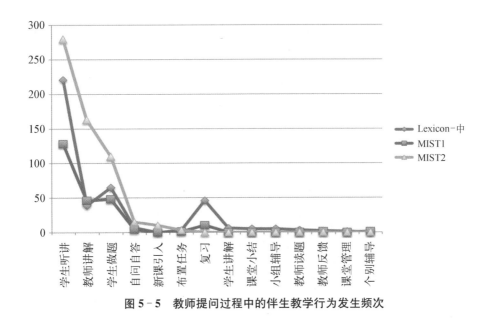

图 5 - 5 教师提问过程中的伴生教学行为发生频次

从图 5 - 5 中可以看出,教师提问过程中最主要的教学行为是学生的积极听讲(A 水平)、教师讲解以及学生做题。高水平的学生听讲是中国课堂的常态,因而也是教师提问过程中整个课堂的主要形态;教师讲解是中国中学数学课堂中实现知识传输的重要媒介,讲授式也是中国课堂教学的传统特色之一;而教师提问过程中的学生做题,主要表现在学生进行解题时,伴随着教师以提问的形式进行指导。

整体来看,三节录像课趋同,勾勒出中国中学数学课堂教师提问过程中的课堂态势,表现出中国课堂的稳定性,有共性可循。这一共性不仅表现在中国课堂内部,乃至与其他国家(澳大利亚、法国、芬兰)中学数学课堂教学中的教师提问也具有一定的共通之处,后文将以比较分析的形式追加论述。

三、基于教师提问的师生互动结构

教师提问本身是师生互动的主要实现形式,因而在教师提问背景下,对师生互动的探寻将不再关注互动模式 1(教师提问—学生回答),而是着眼于另外四种互动模式的实现。分析发现,学生提问与教师提问存在一定的互斥性,这不同于学生听讲和学生做题所表现出来的与其他教学行为的兼容并发性,因此基于教师提问的师生互动结构将不考虑互动模式 2(学生提问—教师回答)。

对 CPB 的探寻显示,基于教师提问的师生互动以互动模式 3(教师讲解—学生听讲)和互动模式 4(学生做题—教师辅导)为主,尤其是互动模式 3;鲜有互动模式

5(课堂管理)。进一步地,分别分析和汇总低认知水平、高认知水平和管理类这三类问题水平下的互动类型,得到如表 5 - 12 所示的结果。

表 5 - 12　教师提问中基于问题水平的师生互动结构(中国)

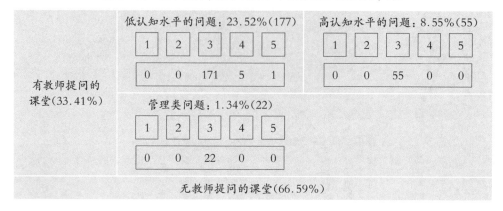

由表 5 - 12 可知,基于不同问题水平,中国中学数学课堂上教师提问的师生互动以互动模式 3 为主,占据互动总频次的 97.64%;鲜有互动模式 4 和互动模式 5,两者总共只占互动总频次的 2.36%,其中互动模式 5 几乎可以忽略不计。几乎没有课堂管理也是中国课堂区别于其他几个国家课堂的特征之一。

第四节　聚焦文献分析

本研究聚焦中国中学数学课堂上的如下几个 CPB:学生听讲、学生做题、教师提问以及师生互动,试图探寻这些教学行为在中国中学数学课堂上的实现方式。前文已通过几节课堂录像勾勒出这几个教学行为的课堂表征,本小节的研究目标在于:采用质性的文本分析,对这几个教学行为课堂表征的相关文献进行内容分析,以补充视频研究所构建的中国中学数学课堂 CPB 表征框架。

一、学生听讲

专门针对学生听讲卷入程度所进行的研究较少,研究者关于学生听讲的研究多聚焦于对学生听讲这一行为本身重要性的解读。自然,作为最主要的课堂教学行为、信息获取途径,学生听讲的作用不容忽视。也有研究者基于对课堂的充分观察,判断学生听讲占据绝大部分的课堂时间[1];不仅课堂占比高,且至少一半知识的学习来自听讲[2],这与本研究的视频观察结果一致。这是一个显然的结论,但"绝大部分"到底是多少,对此本研究将作进一步解答。

中国课堂上的学生听讲表现出时间长、相对静态的特征,有研究者指出:这是由于中国课堂"长期的注入式教学造成的'全程静听强记,思考少'的听课方式"[3];还有研究基于调查得出"相当多的学生是被动的听讲者"的结论[4]。实际上,本研究中的录像分析可以充分地反驳这一判断。思维和思考是看不见的东西,但是其产物却是可见的。中国中学数学课堂上的学生听讲虽然表现出相对沉默、静态的特征,但是通过学生的伴生教学行为来看,学生能够及时、正确地对教师的发声做出相应的反馈;能够跟随教师的节奏和安排进行相应的学习活动;正确的反馈和及时的提问等行为均揭示出学生处于思考的状态,而非"全程静听强记,思考少",更非"被动的听讲者"。

二、学生做题

数学课堂离不开学生做题。国内基于课堂的学生做题实证研究较少。曹一鸣通过对 LPS 项目中两位上海教师各 15 节连贯的数学课进行录像分析,发现在两位教师的课堂上学生做题差异较大,其中一位教师平均课堂时长的 15.27% 用于学生做题,而另一位教师则高达 47.17%。本研究中,三节课堂上学生做题约占课堂时长的 30%～55% 不等,平均约为 40%。综合这 33 节中国中学数学课堂上的学生做题时间占比,得到平均值约为 32.02%,即课堂约三分之一的时间学生处于做题状态。

中国课堂上学生做题的形式具有其独特之处,集体做题的方式占据重要比重,即教师布置题目让学生做题,但是只给学生极少的时间或者几乎学生只有读完题的时间,之后教师便带领学生集中完成对整个题目的解答,教师的启发式问答在其中扮演重要角色。

此外,"小步向前(small steps in teaching)"和"变式教学(variations in

〔1〕　吕舜杰.教会学生听讲　提高课堂效率[J].北京教育(普教版),2011(5):74-75.

〔2〕〔4〕　杨捷.浅谈怎样提高学生课堂听讲技能[J].正德职业技术学院学报,2016,13(2):39-42.

〔3〕　吴明理.谈"倾听"[J].教育实践与研究(小学版 A),2009(6):4-5.

exercise)"也是广受国内外数学教师和数学教育专家认可的中国课堂特色[1],变式练习是中国数学教育的一个创造。

研究者对比中国和澳大利亚、中国和美国的学生做题,发现了另一个中国学生做题中的特色现象:学生做题之后,教师往往会分享部分学生的解答,而这在澳大利亚和美国课堂上较少发生,由此体现出"中国教师更加关注在课堂教学中建立其教学理念之间的联系"[2-3]。

三、教师提问

视频分析及文献解读均显示:作为一种教学方法或手段,国内外的教学实践一致表明,教师提问已成为所有教师在课堂教学过程中最普遍的教学行为[4];教师提问关系着学生思维能力的发展[5];课堂提问是教学过程中师生之间进行思想交流的重要方式,直接影响着课堂教学的效果。

(一)提问数量

吴康宁等人于 1993 年便在国内发起了关于教师提问的实证研究,通过对 7 所小学 28 名数学教师各一节课上的言语行为的研究,得到 28 节课上共有教师提问1129 次,教师平均提问数量为 40 次[6]。曹一鸣在对 LPS 项目中的上海教师课堂录像进行分析时发现,2 名教师的平均课堂提问次数分别为 59.2 次和 26.8 次,前者是后者的 2 倍有余;教师提问的课堂占比分别为 17.14%和 7.15%,前者仍是后者的 2 倍有余;综合这 2 名教师的共 30 节录像课,教师平均提问次数为 43 次,

〔1〕 张民选,黄华.自信·自省·自觉——PISA2012 数学测试与上海数学教育特点[J].教育研究,2016,37(1):35-46.
〔2〕 HUANG R J, CAI J F. Implementing mathematical tasks in US and Chinese classrooms〔M〕//SHIMIZU Y, KAUR B, HUANG R, CLARKE D. Mathematical tasks in classrooms around the world. Rotterdam: Sense Publishers, 2010: 145-164.
〔3〕 黄荣金.国际数学课堂的录像研究及其思考[J].比较教育研究,2004(3):39-43.
〔4〕 马勇军.提问与学生学习之关系:西方课堂提问研究的新重心[J].全球教育展望,2014,43(10):30-37.
〔5〕 申继亮,李茵.教师课堂提问行为的心理功能和评价[J].上海教育科研,1998(6):40-43.
〔6〕 吴康宁,程晓樵,吴永军,刘云杉.教师课堂角色类型研究[J].教育研究与实验,1994(4):1-8.

提问的平均课堂占比为 12.14%。胡启宙、孙庆括对 3 节初中数学课堂录像进行分析、归纳和总结,发现教师 A、B、C 在时长分别为 45 min(即 2 700 s)、42 min(即 2 520 s)、44 min(即 2 640 s)的课堂中,提问总次数分别为 70、115、128,平均达 104 次;花费的总时间分别为 678.3 s(占 25.1%)、725s(占 28.8%)、537.4 s(占 20.4%);其中,教师 A、B、C 分别平均每 39 s、23 s、21 s 就提出一个问题,3 名教师在一节课上的提问数量和频次均偏多,这种盲目提问的做法使教学表面热闹却无实效[1]。

已有研究表明,教师提问的数量实际上并非区分课堂教学质量的关键要素。黄荣金指出,上海课堂中的教师提问较多,更善于通过活动或提问鼓励学生发表他们自己的观点,通过学生自己的贡献来建构知识[2]。

对于问题的数量,陈羚通过对国内外课堂教师提问的相关文献进行综述,发现国内外的很多资料均表明教师提问偏多,尤其是在国内,教师几乎完全霸占了课堂[3]。本研究则认为,"偏多"的标准较为模糊,实际上数量并非缺陷所在,甚至本研究中几个国家课堂上教师提问的数量均多于综述中所提及的几个相关研究中的教师提问数量。从目的上看,教师提问有时并非为了检验学生的知识习得,而是为了作为讲解的手段促进学生思考,是启发式教学的重要形式。仅从提问过程中的伴生教学行为和课堂态势来看,整个课堂处于有序、有效的运转之中,过多的教师提问并非问题所在。

(二) 提问水平

提问水平上,申继亮、李茵研究了小学高年级语文课堂中的教师提问水平,发现 93.63% 的教师提问仅考查了低水平的认知活动,即属于低认知水平的教师提问[4]。张春莉等人研究了小学数学课堂中的教师提问水平,发现约 85% 的问题属于低水平问题,但教师能够有意识地提问高水平的问题,且提问倾向于采取"重

〔1〕 胡启宙,孙庆括.初中数学教师课堂提问的方式和反馈水平实证研究——基于三位教师课堂录像的编码分析[J].数学教育学报,2015,24(4):72 - 75.

〔2〕 黄荣金,江甄南.沪港澳中学数学课堂教学之比较[J].数学教育学报,2007,16(2):77 - 81.

〔3〕 陈羚.国内外有关教师课堂提问的研究综述[J].基础教育研究,2006(9):17 - 20.

〔4〕 申继亮,李茵.教师课堂提问行为的心理功能和评价[J].上海教育科研,1998(6):40 - 43.

复提问"的方式;并表示提问不在于数量的多少,关键是看对学生的思维训练是否到位[1]。黄荣金等人对 LPS 项目 45 节上海录像课的教师提问水平研究显示,低水平(或低复杂性)问题约占问题总数的 74%,中等复杂性问题约占 14%,而高复杂性问题约占 12%[2],同样表明教师提问以低水平问题为主。

胡启宙、孙庆括对三位教师所提问题的水平进行了实证研究,结果表明三位教师简单性提问的次数明显高于复杂性提问[3],而该研究中的"简单性提问"和"复杂性提问"与本研究的"低认知水平的问题"和"高认知水平的问题"基本对应。这一研究结论也高度类似于本研究对三位教师的课堂录像研究所获取的结论。

(三) 提问对象

鲜有涉及中国课堂教师提问对象的实证研究。思辨研究认为,教师的发问对象要面向全体,并且应当区别对待学生的个体差异;学生回答问题的机会要均等,鼓励全体学生参与[4]。关于教师提问对象的研究综述表明,中国课堂上鼓励教师面向全体学生提问,也主张教师因材施教地面向不同学生提出不同的、契合其水平的问题,尊重个体差异。张春莉等人在对小学课堂教师提问的研究中也提到,教师提问必须面向班级学生的大多数,设置问题时要顾及大多数学生的知识水平和智力结构,提问时要尽量做到人人都有机会[5]。

四、师生互动

有研究者通过对教师课堂录像的分析,从互动对象的角度指出中国中学数学课堂上的师生互动呈现如下特征:师班互动是课堂师生互动行为主体的主要类

---

〔1〕〔5〕 张春莉,宁丽曼.不同水平问题的小学课堂提问实证研究[J].课程·教材·教法,2011,31(10):35-40.

〔2〕 黄荣金,汪甄南.沪港澳中学数学课堂教学之比较[J].数学教育学报,2007,16(2):77-81.

〔3〕 胡启宙,孙庆括.初中数学教师课堂提问的方式和反馈水平实证研究——基于三位教师课堂录像的编码分析[J].数学教育学报,2015,24(4):72-75.

〔4〕 陈羚.国内外有关教师课堂提问的研究综述[J].基础教育研究,2006(9):17-20.

型;师组互动缺乏;所有师生互动均由教师发起;师班互动与师个互动交错进行[1]。该结论与本研究中基于录像分析所获得的结论高度一致。从互动主体来看,录像分析也显示,师班互动频发甚至占据主导;师组互动缺乏甚至基本没有;师生互动主要是由教师发起并且目的指向明确。

在占据主导地位的讲解—传授模式下的教师行为主要是复习引导、讲解新课、巩固练习、课堂小结;学生行为主要是回答问题、听课记录、听讲例题、听讲或者做练习、回答提问、模仿练习、听讲。其中,明显显示出中国中学数学课堂上的主要师生互动模式为教师讲解—学生听讲、学生做题—教师辅导(偏向学生做题,且倾向于以教师讲解代替教师辅导)和教师提问—学生回答。学生提问—教师回答和课堂管理这两种模式的较少出现在录像研究和文献分析中均得以佐证。

(一)互动模式 1:教师提问—学生回答

提问是课堂教学中师生互动的最重要途径,常常被认为是教师促进学生参与教学和建构知识的有力措施[2]。

上述对教师提问的文献研究显示,教师提问—学生回答的互动模式在中国中学数学课堂上占据着重要位置;相关实证研究得出课堂上教师提问次数差异较大,从 40 次到 128 次不等;另有研究倾向于认为教师的提问数量过多。

中国课堂上的教师提问以面向全班的提问为主,因而学生齐答是一个颇具中国特色的现象。通常教师提出问题后,学生在教师引导下采用规范的数学语言回答,这一过程中常常伴随着教师在黑板上写下学生的回答并对其正确性作出反馈[3]。

(二)互动模式 2:学生提问—教师回答

有研究者指出:"当提问成为促进学生积极思考、主动探究的积极力量时,课堂就成为有意义的课堂。而当学生在课堂上善问善思、乐问乐思的时候,理想的课堂

---

[1] 曹一鸣,贺晨.初中数学课堂师生互动行为主体类型研究——基于 LPS 项目课堂录像资料[J].数学教育学报,2009,18(5):38-41.

[2] 李士锜,杨玉东.教学发展进程中的进化与继承——对两节录像课的比较研究[J].数学教育学报,2003,12(3):5-9.

[3] MOK I A C. Comparison of learning task lesson events between Australian and Shanghai lessons[M]//SHIMIZU Y, KAUR B, HUANG R, CLARKE D. Mathematical tasks in classrooms around the world. Rotterdam: Sense Publishers,2010:119-144.

就出现了。"[1]然而,学生提问—教师回答的互动模式在中国中学数学课堂上较少发生。因而有研究指出,"学生的提问原则上是没有限制的",但是教学必须培养学生的提问意识和提问能力,引导学生学会提问,让学生以提问的方式积极参与到课堂中,从而体现学生的主体地位。

斯海霞、叶立军通过对初中数学课堂教学录像的分析,总结得出初中生参与数学课堂的特点,即:学生在课堂上极少提问;学生应答行为发生最频繁;学生集体应答次数远多于学生独立应答次数;学生应答和课堂练习所占时间最长;在课堂练习阶段,学生的参与行为出现次数最多[2]。李如密认为,整个教学的最终目标是培养学生正确提出问题和回答问题的能力,任何时候都应鼓励学生提问[3]。

这一互动模式在中国课堂中几乎是缺失的,但是文献研究显示,我们需要对其加以重视,并在课堂教学中培养学生主动提问的能力。

(三)互动模式3:教师讲解—学生听讲

讲解—传授模式是中国中学数学课堂上占据主导地位的教学模式。曹一鸣等对LPS项目中2名上海教师课堂教学的研究显示,在这2名教师的课堂中,分别有86.94%和69.97%的时间用于教师讲解,表明基于教师讲解的这一互动模式在中国中学数学课堂上占据主导地位,其主导性主要通过课堂时间上的占有率来体现。黄荣金通过分析沪港澳三地的初中数学课堂,发现三地初中数学课堂都以教师的指令性讲解为主[4],同样体现教师讲解的重要性和该互动模式在中国课堂上的主导性。

由于学生听讲是课堂上学生的主导行为,也是其获取知识的主要途径;教师讲解是中国课堂上知识传递的主要方式,是教师的主导教学行为,因而师生双主体的教学行为使得该互动模式成为课堂上师生互动的主导模式。

(四)互动模式4:学生做题—教师辅导

当代教育要求教师由传递知识的"搬运工"向教育过程的指导者转变,由单纯

〔1〕 张夫伟.课堂提问四"问"[J].教育科学研究,2008(10):44-47.

〔2〕 斯海霞,叶立军.基于视频案例下初中数学课堂学生参与度分析[J].数学教育学报,2011,20(4):10-12.

〔3〕 李如密.教学艺术论[M].济南:山东教育出版社,1995.

〔4〕 黄荣金.国际数学课堂比较研究:方法、发现和启示[C]//中国高教学会高等师范教育研究会数学教育会.全国高师会数学教育研究会2006年学术年会论文集,2006:185-192.

的书本知识的复制者向创造力的激发者转变[1]。这一转变过程中,学生做题—教师辅导这一互动模式将成为主要的实现形式。

在中国课堂上,虽然这一互动模式占据重要地位,然而其重要地位是通过学生做题行为的高频率体现的,而非教师辅导的高频率。换言之,这一互动模式在中国课堂上表现出异质性,即:学生做题对应的往往是教师的集中讲解,而非教师针对性的辅导。

录像研究显示,中学数学课堂上的学生做题是一个关键且占比较高的教学行为,它在部分课堂上的占比甚至超过课堂时长的一半。曹一鸣等对 LPS 项目中录像课的分析显示,在 2 名教师的课堂上,学生做题分别占 15.27% 和 47.17%,但是教师针对性的辅导(即指向正在做题的学生个体或小组)仅分别占 4.29% 和 22.48%,表现出显著的教师辅导与学生做题的异质性。同样地,黄荣金的研究发现,沪港澳三地的初中数学课堂均非常重视学生的课堂练习。由此体现出这一互动模式在中国课堂上呈现出的特色:相对国外课堂而言,中国课堂更加重视教师对课堂的主导和掌控。个别性的辅导将使得课堂上的学习机会出现不均衡分布,但是学生做题过程中或者做题后的教师全班讲解则使得课堂上的学习机会得以从分散走向集中,从个体走向群体,从不均衡走向均衡。

(五) 互动模式 5: 课堂管理

课堂管理这一互动模式在中国中学数学课堂上显示出基本缺失的状态。莫克通过对中国数学课堂上学生行为的跟踪研究显示:学生总是能够跟随教师的讲解和课堂的节奏,没有出现学生心不在焉(inattentiveness)或者不在学习状态(off-task)的行为[2],因而无需进行课堂管理。

第五节　本章小结

本章主要采取录像分析、文献分析和访谈的方法,通过分析 Lexicon - 中、

---

[1] 李凝.当代教师角色的转变趋势[J].教育科学,2001,18(2):51-52.

[2] MOK I A C, LOPEZ-REAL F. A tale of two cities: A comparison of six teachers in Hong Kong and Shanghai [M]//CLARKE D, KEITEL C, SHIMIZU Y. Mathematics classrooms in twelve countries: The insider's perspective. Rotterdam: Sense Publishers, 2006: 237 - 246.

MIST1 和 MIST2 这三节录像课,解读相关研究数学课堂教学的文献,并基于 LPS 项目的相关结论,从中演绎出本研究中几个 CPB 的表征。基于此,勾勒出中国中学数学课堂上几个师与生、教与学行为的概貌,尤其聚焦学生听讲、学生做题、教师提问以及师生互动这四个教学行为。

一、学生听讲

录像研究和文献解读均显示,学生听讲是中国数学课堂上占据主导地位的学生行为,是获取知识的主要途径。文献中大都提及学生听讲占据课堂的"绝大部分",本研究通过视频分析精确呈现了"绝大部分"在这三节课上的具体占比,即平均每节课上有 95.33% 的时间学生处于听讲状态。

从学生听讲水平来看,中国课堂上的学生始终处于高水平(A 水平或 B 水平)卷入状态,能够跟随教师的教学安排和节奏,没有出现不遵守课堂秩序等需要进行课堂管理的教学行为,没有出现低水平(C 水平或 D 水平)的学生听讲。本研究中关于学生听讲水平的研究结果可以将现有的部分研究中将中国学生判定为"被动听讲者"的结论证伪。同时,高水平的学生听讲伴随着学生的充分思考,主动提问能够表明学生的思考状态,但这并不是唯一的途径,学生准确、及时地回答教师的提问也是检验其课堂状态和思维卷入程度的量尺。

本研究基于教学内容和教师发声面向主体的变换来提取课堂上的学生听讲行为,结果显示,三节录像课上的平均学生听讲片段数仅为 17,明显低于澳大利亚、法国和芬兰课堂的 44、75 和 26,体现出中国课堂相对"聚敛"的态势,少有教师发声对象的变换,刻画出课堂形式上的一致性。研究还表明,中国课堂上的学生听讲以面向全班的群体听讲为主,体现出课堂教学行为的指向性,表明教师面向全班讲解、教师面向全班提问、全班学生集体做题等群体性行为是中国课堂的特色,而少有学生独立做题、教师面向个别学生或小组的辅导等。这一基于录像研究获得的结论与文献分析中的中国课堂主要教学模式(讲解—传授式)相一致。

学生听讲过程中伴随着做题、主动思考等,其中主要的伴生教学行为有教师提问、学生回答以及教师反馈,而学生主动提问明显缺少。

录像显示,在学生听讲过程中师生之间的互动模式表现出明显的不均衡和单一化,以问答式为主,其中互动模式 1 占据所有互动模式的近 95%,这一结果明显高于其他国家。需强调的是,在统计互动模式时,本研究以互动次数计入,而非互动的时间或话语量,从而使得持续性引发的教师讲解的次数较低,这也成为互动模式 3 出现次数偏少的原因,而录像和文献分析均显示,教师讲解是中国课堂主要的知识传输方式。

二、学生做题

对三位教师的课堂录像研究显示,平均课堂时长的 40% 用于学生做题;曹一鸣等对 LPS 项目中两位教师共 30 节课的分析显示,两位教师分别将课堂时长的 15.27% 和 47.17% 用于学生做题,平均为 31.22%,研究结果近似。综合来自 Lexicon、LPS 和 MIST 这三个项目的 33 节中国中学数学课堂录像,平均每节课上有 32.02% 的时间用于学生做题,体现出学生做题在中国中学数学课堂上的重要地位,表现出我国数学课堂重视学生做题的传统。

在本研究的三节录像课中,学生做题以练习题为主,即为对先前所学内容的练习;兼有对例题的练习,但不占据主导。在对学生做题形式进行分析时显示,中国课堂倾向于采用师生共同做题这一集体做题模式,此过程使得教师主导性得以强化,表现为教师引领着题目的进展和课堂的节奏。对于学生做题的场域,多以学生在座位上做题为主,偶尔有个别学生板演的情况。

教师提问、学生回答、教师反馈是学生做题过程中的主要伴生教学行为,整个课堂上的学生做题表现为学生做题行为主导下的教师干预和师生基于问题解决的紧密互动态势,但较少出现教师的辅导。

学生做题过程中的师生互动仍以互动模式 1 为主,可以从如下角度解释这一结果:实际上在中国课堂(乃至其他几个国家的课堂)上,学生听讲这一行为本身就占课堂总时间的 90% 以上,因而基于学生听讲探寻的师生互动模式基本上可以代表整个课堂师生互动的整体状况。学生听讲时,互动模式 1 的占比接近 95%,因而学生做题时,互动模式 1 的占比为 93.75% 是一个符合逻辑的结论。

三、教师提问

部分已有的对于中国中学数学课堂教师提问的实证研究可以作为本研究录像研究的补充,故在结论呈现部分,先对已有相关实证研究的结论作汇总。

从整体上看,本研究三节录像课上的教师提问平均占据课堂时长的 35.39%,教师倾向于不断提问以促进学生思考和自行获得答案。综合分析 Lexicon、LPS 和 MIST 这三个项目中的 33 节中学数学课堂录像,得到教师平均提问次数为 58.7

次,显示出教师提问的关键性。

从提问对象上看,教师对全班学生提问的占比接近80%,而对个别学生的提问占比接近20%,几乎没有对小组的提问。这一结论既是基于研究中三节录像课的分析,也能从文献中得到佐证,可见中国课堂上的教师提问表现出注重面向群体而缺乏个体针对性的特征。

从具体的提问内容来看,主要聚焦于解题类,约占提问总数的65%,而对知识类的提问约占25%;且提问时,教师倾向于采取重复提问的方式。

从提问水平上看,对个别学生和全班学生的提问均以低认知水平的问题为主,约占问题总数的67%,而高认知水平的问题约占23%,另有管理类问题和教师自问自答共约占10%。其他实证研究和文献分析也显示,课堂上的提问以低认知水平问题为主是中国课堂上的普遍现象,小学数学课堂上的低水平问题甚至占据85%左右[1]。以低认知水平问题为主,高认知水平问题亦占据重要地位是中国课堂与其他几个国家课堂的共性之一。

从单个问题平均话语量上看,教师面向个别学生和全班的提问在问题详尽程度上基本一致,表现出具体、详细的特征;教师提问高认知水平和低认知水平的问题时,话语量也基本一致,说明教师无论面向的提问对象是谁,无论问题的水平层级如何,均倾向于以详尽、具体的表述呈现问题。

在教师提问过程中,学生听讲、教师讲解、学生做题等都是高频发生的教学行为,且互动模式1仍占据绝对主导。

四、师生互动

从互动模式在课堂中的表现以及文献中对CPB的解析上看,中国课堂上的师生互动虽然表现出教师引领的特征,但却并非"教师中心或注入式教学"模式。教师和学生的双边行为频繁,体现出教师主导下的学生主体性,课堂中教师和学生的共同参与以及两者之间的互动勾勒出课堂双向、双主体的基本态势。

录像显示,互动模式1(教师提问—学生回答)是师生之间进行沟通与交流的主要模式。教师提问以面向全班学生的提问为主,折射出中国课堂强调教育机会均等以及以教师讲解为特色的课堂特征;提问数量跨度较大,从40次到200

〔1〕 张春莉,宁丽曼.不同水平问题的小学课堂提问实证研究[J].课程·教材·教法,2011,31(10):35-40.

余次不等。从取样的典型性和课堂教学质量上看,各实证研究和本研究中所选取的都是具有一定代表性的中学课堂,甚至偏向优秀教师的优秀课堂。由此可见,以绝对的问题数量判定课堂上的教学质量乃至判定学生的思维卷入程度是有所偏颇的。

互动模式 3(教师讲解—学生听讲)是以讲授—听讲模式作为主要课堂教学模式的中国课堂上的主要师生互动模式。基于曹一鸣的研究结果,若将除了教师陈述式讲解之外的教师的启发式行为(教师提问及相应的学生回答)均计入教师的全班性讲解,则中国课堂上的教师讲解平均占据课堂总时长的 78.46%[1]。

互动模式 4(学生做题—教师辅导)在中国课堂上呈现出不同的特征,主要表现为这一双边行为的非对称性。中国课堂上,学生做题占据了较大比重,一定程度上证实了中国课堂双主体的态势,而非一些国外学者认为的"一言堂"。然而研究发现,中国课堂上的学生做题往往不伴随教师辅导。表 5-13 显示的是本研究中来自 Lexicon 和 MIST 两个项目的三节录像课上学生做题和教师辅导的课堂占比,并计算得出相应的辅导响应率。结果显示,学生仅在微乎其微的做题过程中得到了教师的针对性辅导。

表 5-13　基于三节中国录像课的学生做题和教师辅导

	学生做题(%)	个别辅导(%)	小组辅导(%)	辅导响应率(%)
Lexicon-中	32.23	0	1.61	5.00
MIST1	52.83	0	0	0
MIST2	34.93	4.17	0	11.94
平　均	40.00	1.39	0.54	4.83

然而,这一结论不适用于所有的课堂。例如,曹一鸣等对 LPS 项目 30 节录像课的分析显示,两位教师的辅导响应率分别为 28.09% 和 47.66%,远高于本研究中的 4.83%,可见学生做题中个别辅导和小组辅导的缺少并不是中国中学数学课堂的共性特征,也不能据此断言中国课堂存在"有做题、无辅导"的现象。两个研究互为补充,表明了中国课堂学生做题过程中的互动形式以教师辅导和教师讲解为主,教师的主导行为构建起学生做题过程中师生之间的桥梁。

此外,中国课堂还表现出学生主动提问的缺少,因而互动模式 2(学生提问—

---

[1]　曹一鸣.中国数学课堂教学模式及其发展研究[M].北京:北京师范大学出版社,2007.

教师回答)在中国中学数学课堂中几乎不存在。

　　对其他国家的课堂分析显示,互动模式5(课堂管理)普遍存在于澳大利亚等国的课堂中。回观中国课堂,几乎不存在课堂管理,即使是在课堂首尾阶段,教师也无需进行课堂管理和秩序维持,这与中国课堂中的上课仪式、下课仪式具有不可分割的关系。除此之外,还有深层次的文化背景因素,即受儒家文化的影响。研究显示,儒家文化圈(Confucian-heritage culture,简称CHC)下的亚洲课堂表现出更强的教师主导性(teacher-dominating)[1],一定程度上保证了课堂的教学秩序。

〔1〕 MOK I A C, MORRIS P. The metamorphosis of the 'virtuoso': pedagogic patterns in Hong Kong primary mathematics classrooms[J]. Teaching and teacher education, 17(4): 455-468.

第六章 / 澳大利亚课堂 CPB 表征

本研究基于 Lexicon 项目探寻得到中国课堂上的 CPB，因而自然地关注项目中的其他几个国家，尤其是项目发起国澳大利亚中学数学课堂上这几个教学行为的表征。

澳大利亚中学数学课堂 CPB 表征的研究取样主要是一节八年级的 Lexicon-澳以及来自 TIMSS 1999 的四节澳大利亚八年级录像课（下文均称 TIMSS 1999-澳），另外结合文献资料作进一步的完善和补充。视频分析主要聚焦中国中学数学课堂上的几个 CPB 在这几节澳大利亚录像课上的表征，分别从以下三个角度展开分析并获得结论，即：学生听讲的表征及其过程中的师生互动；学生做题的表征及其过程中的师生互动；教师提问的表征及其过程中的师生互动。

作为取自 Lexicon 和 TIMSS 1999 这两个项目的视频课，本研究默认它们符合项目选取的标准，可作为用于研究的课堂教学视频，即为典型的澳大利亚中学数学课，具有澳大利亚课堂开展数学教学的常态形式。基于此，本研究中的澳大利亚八年级数学录像课可以被认为具有一定的代表性，其代表性不是表现在作为整个澳大利亚中学数学课堂的代表，而是这几节课本身呈现出一般澳大利亚中学数学课堂教学的特征，而非异常。

研究过程中，在以 Lexicon-澳为主体的基础上，进一步分析 TIMSS 1999-澳，以补充和完善基于 Lexicon-澳的分析所得到的初步结论。因而，需要对 TIMSS 1999-澳的代表性加以论证和说明。

一方面，TIMSS 官网中介绍了项目取样，其中澳大利亚的四节录像课选自近百节澳大利亚八年级数学课堂录像，内容涉及代数、几何、概率统计等，均由专业的评审员鉴别是否能呈现澳大利亚数学课堂教学的核心特征，这一过程本身即可说明这四节录像课具有很高的典型性。

另一方面，为了论证 1999 年的录像课仍能在很大程度上代表当今的课堂，研究

者访谈了希拉里·霍林斯沃思博士,她对 TIMSS 1999 的澳大利亚录像课以及 20 年来澳大利亚数学课堂教学的发展脉络都非常熟悉,由她对 TIMSS 1999 -澳所作出的代表性判定具有很高的可信度。霍林斯沃思博士表示:虽然历经 20 年,但是依然可以很有把握地认为这四节数学录像课仍能够代表当前的澳大利亚中学数学课堂教学实践,主要的差别仅仅表现在科学技术的使用在这 20 年里变得更加频繁和普遍。进一步对 TIMSS 1999 -澳和 Lexicon -澳作平行分析,结果显示近年来课堂上的主要教学行为与 20 年前趋同,在表现形式等方面也具有较高的一致性,下文将作具体阐述。

研究首先重点关注对 Lexicon -澳的视频分析。图 6 - 1 是 Lexicon -澳这一节录像课上的座位安排,录像显示学生围坐在课桌周围,且一些学生背对讲台,但他们会根据教师的位置随时作调整,灵活度相对更大。全班共有 25 人,其中男生 13 人,女生 12 人。本节课的内容是对学生提交的作业进行全班范围内的修改,以小组合作为主要形式。

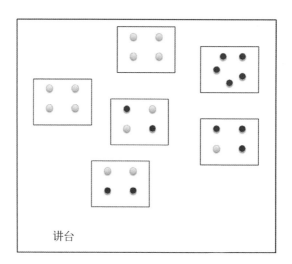

图 6 - 1 Lexicon -澳的座位安排

注:⚪表示男生,⚫表示女生。

第一节 学生听讲的表征

一、学生听讲的卷入程度

利用 NVivo 对 Lexicon -澳进行分析发现,课堂的绝大部分时间以及课堂中的大多数学生都能达到高水平卷入(A 水平或 B 水平)的听讲状态。随着师生互动主体(师班、师组或师个)的变换,学生听讲的主体也随之发生变换。依据学生听讲主体的变换,可将 Lexicon-澳中的学生听讲行为划分为 43 个听讲片段,分析结果如表 6-1 所示。

表 6-1　学生听讲片段分析(Lexicon-澳)

片段编号	卷入程度	听讲主体	持续时间(s)	伴生教学行为				
				无	记笔记	思考	提问	做题
1	C	全班	21.32	✓				
2	A	全班	164.56			✓	✓	
3	B	全班	52.4	✓				
4	A	全班	85.4			✓		
5	B	个别	107.24	✓				
6	A	个别	137.12			✓		
7	B	个别	8.16					✓
8	A	个别	21.52					✓
9	B	全班	117.68	✓				
10	B	个别	23.12	✓				
11	A	个别	73.88			✓		✓
12	A	全班	15.4			✓		✓
13	A	个别	487.38			✓		✓
14	B	个别	5.32	✓				
15	A	全班	7.32			✓		
16	A	个别	453.88			✓	✓	
17	B	个别	20.32	✓				
18	A	个别	36.48			✓	✓	
19	B	个别	2.2	✓				
20	B	个别	23.04	✓				
21	A	个别	7.92				✓	
22	A	个别	18.68			✓		
23	A	个别	50.4			✓		
24	A	个别	65.64			✓		

片段编号	卷入程度	听讲主体	持续时间(s)	伴生教学行为				
				无	记笔记	思考	提问	做题
25	B	个别	20.48	✓				
26	A	个别	37.92			✓	✓	
27	A	个别	69.32			✓	✓	
28	B	个别	19.2	✓				
29	A	个别	36.04			✓	✓	
30	A	个别	112.76			✓		
31	B	全班	0.96	✓				
32	A	个别	40.2			✓		
33	A	个别	43.52			✓		
34	A	个别	97.68			✓		
35	C	全班	13.44	✓				
36	A	个别	42.36			✓		
37	A	个别	38.88			✓		
38	A	个别	16.36			✓		
39	A	个别	83.16			✓	✓	
40	A	个别	143.4		✓	✓		
41	A	个别	13.52			✓		
42	A	个别	30.48				✓	
43	B	全班	86.84	✓				

对表 6-1 中的内容作汇总,得到表 6-2。

表 6-2 不同水平的学生听讲行为分布(Lexicon-澳)

卷入程度	持续时间(s)	课堂占比(%)	听讲主体	伴生教学行为
A	2 431.18	81.04(28)	全班(4)、个别(24)	做题(4)、提问(11)、记笔记(1)、思考(25)
B	486.96	16.23(13)	全班(4)、个别(9)	无(12)、做题(1)
C	34.76	1.16(2)	全班(2)	无(2)

注: 本课时长 3 000 s,表中的占比是相对课堂总时间而言的。如果相对学生听讲时间而言,则该占比分别为 82.33%、16.49%、1.18%。

通过观察表 6-2 可以发现,整个课堂约 97% 的时间学生处于积极听讲状态,即达到 A 水平或 B 水平,且学生的积极卷入听讲状态约占所有学生听讲行为的 99%;低水平(C 水平或 D 水平)的学生听讲较少发生,且不发生在教学知识的环节中。整个课堂中,学生能积极参与、互动,能够进行思考进而提出问题。同时,教师在学生做题、小组讨论过程中进行了多次对个别学生的辅导,辅导过程中,学生不仅保持高度的卷入状态,还能结合教师的讲解与辅导进行思考与解题。

综合表 6-1、表 6-2 可以发现,C 水平下仅有的 2 个片段均是在全班听讲的情况下发生的,这一定程度上是由于全班听讲时,对听讲质量的把控比学生个别听讲时难度更大。因为个别听讲具有更强的针对性,并且教师与学生之间的单一对应性确保了个别学生的卷入状态,而全班听讲涉及更多学生,相对更难调控。此外,通过对课堂实录的复查,发现低水平的学生听讲主要发生在课堂开始和结束阶段,主要是因为课堂首尾阶段牵涉到对课堂秩序的调控,学生的状态较为松散自由,难以达到较高的听讲水平。同时,课堂首尾阶段很少涉及与教学知识相关的内容,主要是教师宣布上课或下课、布置家庭作业等,而学生在松散状态下就能获取这些信息。

综合而言,影响这节课学生听讲水平的原因主要有三个:(1)课堂教学环境,授课过程比课堂首尾阶段的管理调节更容易达成高水平的听讲;(2)课堂教学内容,教学过程中呈现具体教学知识或任务时,学生能够进行高水平的听讲,而无有效教学内容时,学生的听讲水平较低;(3)听讲对象,C 水平的听讲主体都是全班学生,表明对大规模学生听讲的质量控制相对难以达成,也反映出受到课堂教学环境和教学内容的牵制。

以同样的方式对 TIMSS 1999-澳进行分析,得到如表 6-3 所示的学生听讲水平分布。

表 6-3 四种水平的学生听讲行为分布(TIMSS 1999-澳)

卷入程度	持续时间(s)	课堂占比(%)	听讲主体	伴生教学行为
A	8 172	67.33(135)	全班(46)、小组(50)、个别(39)	无(11)、做题(89)、记笔记(5)、提问(66)、思考(105)、电脑上操作(24)、操作图形计算器(2)
B	391	3.22(25)	全班(11)、小组(10)、个别(4)	无(7)、做题(16)、记笔记(1)、提问(2)、思考(8)、电脑上操作(1)

卷入程度	持续时间(s)	课堂占比(%)	听讲主体	伴生教学行为
C	712	5.87(15)	全班(8)、小组(2)、个别(5)	无(6)、做题(8)、提问(1)
D	209	1.72(4)	全班(4)	无(2)、做题(1)、操作图形计算器(2)

注：表中的占比是相对课堂总时间而言的。如果相对学生听讲时间而言，则该占比分别为 86.17%、4.12%、7.51%、2.20%。

对比表 6-2 和表 6-3 可以发现，分别取自 Lexicon 和 TIMSS 1999 这两个项目、跨度近 20 年的澳大利亚数学录像课，课堂中学生听讲的水平分布具有高度的一致性，主要表现为高水平的学生听讲占据主导地位。就学生听讲时间而言，两个项目中 A 水平和 B 水平的占比总和均超过了 90%，表现出学生卷入状态良好，显示出澳大利亚课堂的稳定性，这与霍林斯沃思博士对澳大利亚课堂的判断基本吻合。

进一步将表 6-2、表 6-3 中的内容进行汇总，得到澳大利亚课堂中关于学生听讲的整体水平分布，具体见表 6-4。

表 6-4 澳大利亚课堂中四种水平的学生听讲行为分布

卷入程度	持续时间(s)	课堂占比(%)	听讲主体	伴生教学行为
A	10 603	70.05(163)	全班(50)、小组(50)、个别(63)	无(11)、做题(93)、记笔记(6)、提问(77)、思考(130)、电脑上操作(24)、操作图形计算器(2)
B	878	5.8(38)	全班(15)、小组(10)、个别(13)	无(19)、做题(17)、记笔记(1)、提问(2)、思考(8)、电脑上操作(1)
C	747	4.93(17)	全班(10)、小组(2)、个别(5)	无(8)、做题(8)、提问(1)
D	209	1.38(4)	全班(4)	无(2)、做题(1)、操作图形计算器(2)

注：表中的占比是相对课堂总时间而言的。如果相对学生听讲时间而言，则该占比分别为 85.25%、7.06%、6.01%、1.68%。

二、学生听讲过程中的伴生教学行为

如图 6-2 所示，在 Lexicon-澳的学生听讲过程中，主要发生的教学行为依次是教师反馈、学生做题、教师提问、教师讲解、学生回答等。结合本研究对师生互动的界定,学生做题—教师辅导、教师讲解—学生听讲、教师提问—学生回答等都可视为师生互动的具体表现形式,可见师生互动也是学生听讲过程中的主要伴生教学行为,这一结果与问卷调查得出的 CPB 存在一致性,侧面说明基于中国样本探寻的 CPB 在澳大利亚课堂教学情境中也存在一定的适用性和合理性,两国课堂在共同关切上具有一致性。

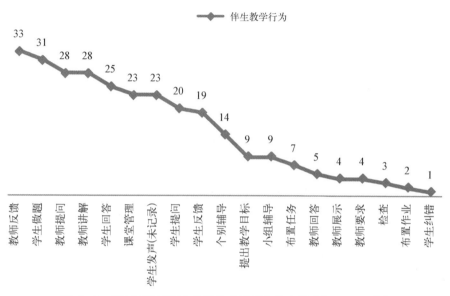

图 6‑2 学生听讲过程中的伴生教学行为发生频次(Lexicon‑澳)

学生听讲过程中伴生教学行为的研究展示了 Lexicon‑澳这节录像课的基本形态和主要特点。学生做题具有较高的发生频率,这与这节课的内容以及上课形式有关,佐证了这节课的授课形式,即作为一节习题课,教师充分将主动权交给学生,学生的主体性得以体现。与此同时,教师反馈、教师讲解等多个教师行为的发生频率也较高,体现了师生之间的互动,以及在学生做题过程中的教师参与。

伴生教学行为在不同课堂、不同知识教学以及不同课型中的表征并非一致。借助 TIMSS 1999‑澳可以获知,学生听讲过程中的主要伴生教学行为依次是教师提问、学生回答、教师讲解、教师反馈等,与 Lexicon‑澳的结果较为一致。

伴生教学行为的发生在不同听讲水平下呈现不同情态。分析可知,大部分伴生教学行为下的听讲水平均以 A 水平为主,B 水平次之;C 水平在课堂管理之中有所发生,表明了在课堂管理中监管学生卷入状态的难度,这与课堂管理本身对于学生卷入状态的要求相对不高有所关联;未出现 D 水平的学生听讲,整个课堂学生

能够保持较高的卷入状态。

三、基于学生听讲的师生互动结构

本研究依旧将学生听讲置于整个师生互动结构中，试图探寻学生听讲中师生互动的主要模式和结构。基于五种师生互动模式，分析、汇总后得到本研究五节澳大利亚中学数学课堂录像中各学生听讲水平下的师生互动结构，具体见表6-5。

表6-5 基于学生听讲的师生互动结构（澳大利亚）

	A: 70.05%(945)					B: 5.80%(69)				
	1	2	3	4	5	1	2	3	4	5
有学生听讲的课堂(82.16%)	550	134	142	92	27	26	10	7	6	20
	C: 4.93%(58)					D: 1.38%(9)				
	1	2	3	4	5	1	2	3	4	5
	38	10	1	0	9	3	4	0	0	2

无学生听讲的课堂(17.84%)

由表6-5可知，A水平学生听讲中的师生互动最为频繁，最主要的原因在于在这几节课中，A水平本身就是主导的学生听讲水平。A水平的学生听讲中，各种互动模式均分布较多，尤其是互动模式1、互动模式2和互动模式3，占比分别为58.20%、14.18%、15.03%；互动模式4的发生频次也不低，占9.74%；而课堂管理相对较少，仅占2.86%。其中，师生问答模式共占72.38%，为师生之间主导的互动模式。

B水平学生听讲过程中的师生互动模式以师生问答和课堂管理为主，互动模式1～互动模式5分别占37.68%、14.49%、10.14%、8.70%和28.99%，其中互动模式1和互动模式5共占66.67%，为B水平学生听讲过程中主导的师生互动模式。

对于低水平的学生听讲，C水平中未出现互动模式4；D水平中未出现互动模式3和互动模式4，出现了教师管理以及多次不涉及课堂知识教学的教师提问，低水平学生听讲中的师生问答互动模式表现出并非与课堂教学内容直接相关的特征。

从表6-5中还可以发现，不同水平之间的分界较为明显，具体表现为：A水平与 B 水平在师生互动数量上差异明显,主要原因在于 A 水平听讲的发生频次更高,因而相应的师生互动数量显著高于其他各学生听讲水平;B 水平和 C 水平虽然在师生互动数量上并无明显差异,但 B 水平具备各互动模式,而 C 水平则出现了互动模式的缺失,显示出高水平听讲和低水平听讲之间的差异;D 水平与 C 水平之间的显著差异在于师生互动数量的多寡,原因在于相对 C 水平的低频次发生而言,D 水平发生得更少,本研究五节澳大利亚录像课中就有两节录像课中未发生 D 水平的学生听讲。

进一步分析表 6－5 中的数据,发现作为高水平的学生听讲,A 水平和 B 水平之间具有较高的一致性,主要表现为在两种听讲水平下,师生问答互动模式(教师提问—学生回答、学生提问—教师回答)分别占据了师生互动总次数的 72.38% 和 52.17%,均超过了 50%,显示师生互动在学生听讲状态下主要以师生之间的问答形式体现。然而,A 水平和 B 水平之间也存在差异,B 水平作为高水平与低水平学生听讲水平之间的过渡,在表现出与 A 水平类似的同时,也显示出与 C 水平之间的相似性。A 水平中,互动模式 3 发生的频率更高,占据所有互动次数的 15.03%。B 水平中,这一模式的占比略少(10.14%),反而课堂管理发生得更多(28.99%),B 水平的这一特性恰恰与 C 水平(15.52%)和 D 水平(22.22%)类似,而迥异于 A 水平(2.86%),体现出 B 水平作为高、低水平之间的桥梁特性。

再以互动模式 1～互动模式 5 作为变量,在 A～D 四种水平的学生听讲过程中,各模式的发生次数依次为 617、158、150、98、58,所占比例依次为 57.08%、14.62%、13.88%、9.07%、5.37%,可见互动模式 1 是澳大利亚中学数学课堂中最主要的师生互动模式,体现出教师的主导作用。除此之外,互动模式 2 也是主要的师生互动模式之一,与互动模式 3 占比相当;互动模式 5,即课堂管理发生得不多。互动模式 1 和互动模式 2 占据总数的 71.70%,表明师生之间的问答是教师个体与学生群体或个体之间进行沟通与知识传输的主要方式。

第二节　学生做题的表征

本节首先聚焦于对 Lexicon－澳的分析,再结合 TIMSS 1999－澳进行澳大利亚中学数学课堂学生做题行为的表征汇总与分析。Lexicon－澳是一节习题课,学生所做的都是对已掌握知识的练习,都采取独立做题的方式,没有出现学生板演的情况。学生的主要任务是对其他学生的解题进行修改,即教师将部分学生的作业扫

描在电子设备中,每个小组从中选取一名学生的作业作修改,修改与讨论的过程即为学生重新解题的过程,图6-3中展示的是其中一名学生的作业。

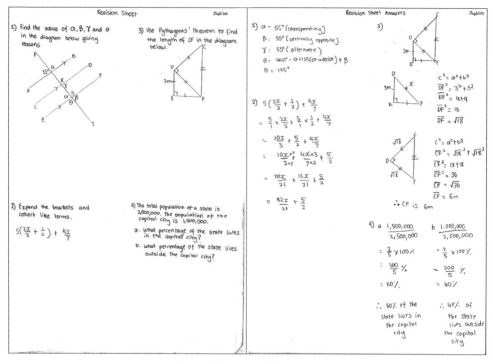

图6-3 学生作业扫描版

图6-3的左边是具体题目,右边是学生的解答,这样的学生作业共14份,且各不相同,既有几何,也有代数,囊括了多个知识点。需要说明的是,由于学生的作业基本上没有完全重合的,因而几乎所有学生对分发到的、要进行修改的习题都是完全陌生或者部分陌生的。

结合TIMSS 1999-澳中的四节录像课(下文分析时,分别将这四节录像课称为AU1、AU2、AU3和AU4),借以获取如下信息:在常态的澳大利亚课堂上学生做题的实现方式;主要做的是练习题还是例题;学生倾向于独立做题还是合作做题。

一、学生做题的呈现方式

结合CPB编码表描述学生做题行为,得到澳大利亚课堂上学生做题行为的基本表征,具体见表6-6。

表6-6 学生做题的呈现方式和持续时间(澳大利亚)

	片段	持续时间(s)	课堂占比(%)	做什么	怎么做	场 域
Lexicon-澳	1	282.1	9.4	练习题	小组合作	座位上
	2	564.7	18.82	练习题	小组合作	座位上
	3	531.6	17.72	练习题	小组合作	座位上
AU1	1	144	5.38	练习题	小组合作	座位上
	2	1 306	48.82	练习题	小组合作	电脑上
AU2	1	185	6.77	练习题	小组合作	座位上
	2	1 405	51.43	例题	先独立,再小组合作	座位上
	3	296	10.83	练习题	独立	座位上
AU3	1	71	2.73	练习题	独立	座位上
	2	171	6.58	例题	同伴合作	座位上
	3	24	0.92	例题	独立	座位上
	4	137	5.27	例题	独立	座位上
	5	316	12.16	例题	独立	座位上
AU4	1	500	12.1	例题	同伴合作	座位上
	2	257	6.22	例题	同伴合作	座位上
	3	758	18.34	练习题	独立	座位上
	4	246	5.95	练习题	独立	座位上

从表6-6中可以看出,在题目类别上,学生做题以练习题和例题并重,其中学生做练习题的平均课堂占比为28.86%,而学生做例题为18.5%,即学生做题中,做练习题占60.94%,做例题占39.06%。在做题形式上,以合作形式为主,兼有学生独立做题,二者分别约占学生做题主体形式的75%和25%。从场域上看,除AU1是借助计算机进行教学因而存在在电脑上实现学生做题之外,其余学生做题均在学生各自座位上实现,包括学生之间交换座位以实现小组之间的合作。

整体来看,学生做题占据 Lexicon-澳、AU1~AU4 的时长依次为 45.94%、

54.2%、69.03%、27.66%、42.62%,足以表明学生做题的关键性以及澳大利亚关注学生亲身实践的特征。五节录像课中,学生做题行为显示出趋同性,具体表现为高频发生,以小组合作为主,兼顾练习题和例题;学生做题基本占课堂总时长的一半(仅 AU3 这节录像课上学生做题较少,为 27.66%)。

学生做题的关键性在建构澳大利亚中学数学课堂特征的同时,也表明了基于中国课堂教学情境探寻的 CPB 在国外课堂录像研究中的适用性,以及中澳在数学课堂重点关切上的趋同。

二、学生做题过程中的伴生教学行为

对 Lexicon-澳学生做题过程中的其他教学行为进行汇总,结果如图 6-4 所示。

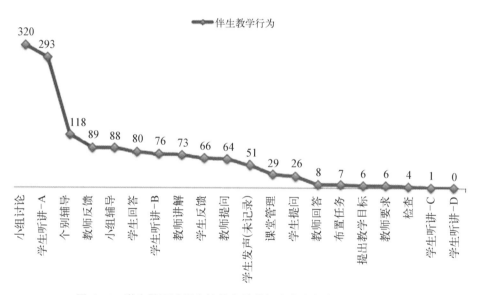

图 6-4　学生做题过程中的伴生教学行为发生频次(Lexicon-澳)

从图中可以看出,在学生做题过程中,小组讨论、学生高水平的听讲以及教师辅导是最主要的教学行为,体现出教师的积极参与。其中,最主要的几个学生行为依次是小组讨论、学生听讲-A、学生回答以及学生听讲-B;最主要的几个教师行为依次是个别辅导、教师反馈、小组辅导和教师讲解。

在这节录像课上,学生主要解决三组问题,因而本研究将学生做题分为三个片段,图 6-5 具体显示了在这三个学生做题行为片段中的伴生教学行为,发现各个教学行为在三个片段与在整个课堂上的发生情况存在一定的一致性,其中学生高水平的听讲、教师辅导、教师讲解和教师反馈均是高频发生的主要教学行为。

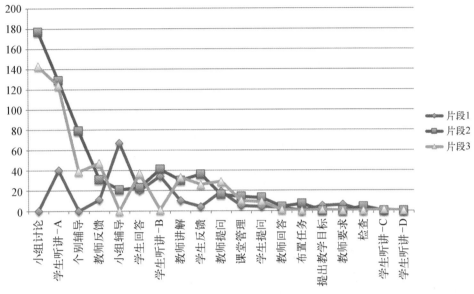

图 6‑5　三个学生做题片段中的伴生教学行为发生频次(Lexicon‑澳)

三、基于学生做题的师生互动结构

对教学行为作进一步分析,得到五节录像课学生做题过程中的师生互动结构,分别如表 6‑7、表 6‑8、表 6‑9、表 6‑10、表 6‑11 所示。

表 6‑7　基于学生做题的师生互动结构(Lexicon‑澳)

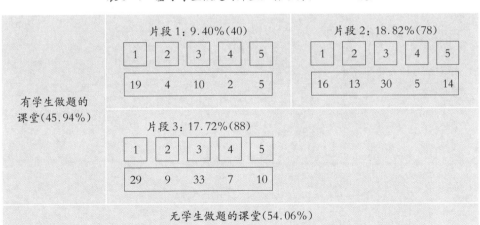

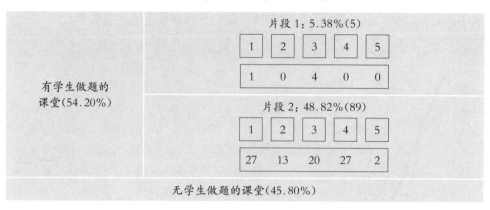

表6-8　基于学生做题的师生互动结构（AU1）

有学生做题的课堂（54.20%）

片段1：5.38%（5）

1	2	3	4	5
1	0	4	0	0

片段2：48.82%（89）

1	2	3	4	5
27	13	20	27	2

无学生做题的课堂（45.80%）

表6-9　基于学生做题的师生互动结构（AU2）

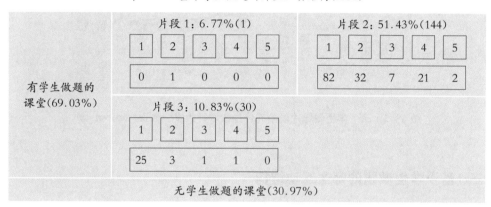

有学生做题的课堂（69.03%）

片段1：6.77%（1）

1	2	3	4	5
0	1	0	0	0

片段2：51.43%（144）

1	2	3	4	5
82	32	7	21	2

片段3：10.83%（30）

1	2	3	4	5
25	3	1	1	0

无学生做题的课堂（30.97%）

表6-10　基于学生做题的师生互动结构（AU3）

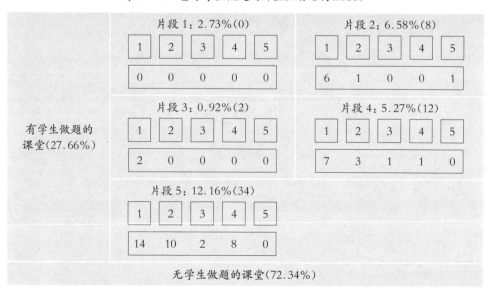

有学生做题的课堂（27.66%）

片段1：2.73%（0）

1	2	3	4	5
0	0	0	0	0

片段2：6.58%（8）

1	2	3	4	5
6	1	0	0	1

片段3：0.92%（2）

1	2	3	4	5
2	0	0	0	0

片段4：5.27%（12）

1	2	3	4	5
7	3	1	1	0

片段5：12.16%（34）

1	2	3	4	5
14	10	2	8	0

无学生做题的课堂（72.34%）

表 6-11　基于学生做题的师生互动结构（AU4）

有学生做题的课堂（42.61%）	片段 1：12.10%（39）					片段 2：6.22%（19）				
	1	2	3	4	5	1	2	3	4	5
	23	8	1	7	0	11	4	0	3	1
	片段 3：18.34%（45）					片段 4：5.95%（17）				
	1	2	3	4	5	1	2	3	4	5
	22	12	1	6	4	9	4	0	4	0
无学生做题的课堂（57.39%）										

以 Lexicon-澳为例，表 6-7 展示了三个学生做题片段中的师生互动模式分布及其发生频次，发现五种师生互动模式在三个学生做题片段中均存在。其中，互动模式 3（教师讲解—学生听讲）是最主要的互动模式；师生问答模式中，以互动模式 1（教师提问—学生回答）为主，体现了教师的主导性；对于互动模式 4（学生做题—教师辅导），在这节课的学生做题过程中，教师共进行了 14 次辅导（涉及全班 25 人次），包括个别辅导 11 次，小组辅导 3 次。

综合五节录像课，在学生做题过程中互动模式 1～互动模式 5 发生的次数分别为 293、117、110、92、39。互动模式 1 主导，互动模式 2 和互动模式 3 也占据相当的比重。对于互动模式 4，由于教师辅导行为具有时间上的持续性，因此其实际占比也是很可观的。以 Lexicon-澳中的互动模式 4 为例，虽然只发生 14 次，但实际上其在课堂上的话语量占课堂总时间的 36.24%（其中个别辅导占 28.26%，小组辅导占 7.98%），可见教师辅导也是学生做题过程中主要的师生互动模式，再次表明了教师在学生做题过程中的积极参与。

互动模式 1 和互动模式 3 的高频发生，表明在学生做题过程中教师提问和教师讲解的高频发生，体现出教师通过有意识地提问引发学生回答，或者通过教师讲解促进问题解决。互动模式 5 虽然发生频率相对不高，但在与中国课堂的比较中，显示出课堂管理是澳大利亚中学数学课堂区别于中国课堂的标志之一。

第三节　教师提问的表征

由前文的分析可知，师生问答尤其是教师提问—学生回答这种互动模式，是师

生之间进行沟通与互动的主要模式,因而本节的分析也将聚焦教师提问在澳大利亚中学数学课堂中的呈现形式和实现方式。

一、教师提问的呈现方式和课堂话语量

类似于第五章对中国录像中教师提问的分析方法和步骤。第一步:利用NVivo软件分别对五节澳大利亚课上的教师提问进行编码,汇总后得到教师提问的初步表征,具体见表6-12。

表6-12　基于提问内容的教师提问分析(澳大利亚)

提问对象	提问内容	问题数量	问题数量占比(%)	平均课堂话语量占比(%)	单个问题平均话语量(%)
个别学生	知识类	30	4.52	0.65	0.11
	解题类	170	25.60	4.47	0.13
	管理类	100	15.06	1.50	0.08
		300	45.18	6.63	0.11
小组	知识类	11	1.66	0.26	0.12
	解题类	55	8.28	1.53	0.14
	管理类	30	4.52	0.45	0.08
		96	14.46	2.25	0.12
全班	知识类	35	5.27	0.85	0.12
	解题类	122	18.37	4.43	0.18
	管理类	68	10.24	1.46	0.11
		225	33.89	6.74	0.15
自问自答		43	6.48	1.77	0.21

由表6-12可知,澳大利亚中学数学课堂上,教师提问的主要对象为个别学生和全班学生,对小组的提问也占据一定比例。

从单个问题的平均话语量(以字数计入)来看,对全班学生的提问最为具体、详细,对个别学生提问时的话语量最少,表现出提问对象越少,问题就越粗糙或笼统,折射出教师更为关注以提问的形式进行问题解决。

至此,完成教师提问的第一步编码。

第二步:分别对五节录像课中的教师提问进行二次编码,主要考查问题类型,具体结果见表6-13。

表 6-13　基于问题类型的教师提问分析（澳大利亚）

提问对象	问题类型	问题数量	问题数量占比（%）	平均课堂话语量占比（%）	单个问题平均话语量（%）
个别学生	回忆型	46	6.93	0.96	0.10
	理解型	36	5.42	1.13	0.16
	运用型	37	5.57	0.88	0.12
	分析型	60	9.04	1.70	0.14
	综合型	5	0.75	0.16	0.16
	评价型	16	2.41	0.30	0.09
	管理类	100	15.06	1.50	0.08
		300	45.18	6.63	0.11
小组	回忆型	9	1.36	0.22	0.12
	理解型	16	2.41	0.50	0.16
	运用型	20	3.01	0.49	0.12
	分析型	18	2.71	0.51	0.14
	综合型	3	0.45	0.06	0.10
	评价型	0	0	0	0
	管理类	30	4.52	0.45	0.08
		96	14.46	2.25	0.12
全班	回忆型	18	2.71	0.55	0.15
	理解型	58	8.73	1.77	0.15
	运用型	38	5.72	1.11	0.15
	分析型	32	4.82	1.28	0.20
	综合型	8	1.20	0.45	0.28
	评价型	3	0.45	0.15	0.25
	管理类	68	10.24	1.46	0.11
		225	33.89	6.74	0.15
自问自答		43	6.48	1.77	0.21

继而，将表 6-13 中的问题类型归类，分别得到表 6-14、表 6-15 的结果。

表 6-14　基于提问对象和提问水平的教师提问分析（澳大利亚）

提问对象	提问水平	问题数量	问题数量占比（%）	平均课堂话语量占比（%）	单个问题平均话语量（%）
个别学生	低认知水平	119	17.92	2.97	0.12
	高认知水平	81	12.20	2.16	0.13
	管理类	100	15.06	1.50	0.08
		300	45.18	6.63	0.11

提问对象	提问水平	问题数量	问题数量占比(%)	平均课堂话语量占比(%)	单个问题平均话语量(%)
小组	低认知水平	45	6.78	1.21	0.13
	高认知水平	21	3.16	0.57	0.14
	管理类	30	4.52	0.45	0.08
		96	14.46	2.25	0.12
全班	低认知水平	114	17.17	3.43	0.15
	高认知水平	43	6.48	1.88	0.22
	管理类	68	10.24	1.46	0.11
		225	33.89	6.74	0.15
自问自答		43	6.48	1.77	0.21

表6-15　基于提问水平的教师提问分析(澳大利亚)

提问水平	问题数量	问题数量占比(%)	平均课堂话语量占比(%)	单个问题平均话语量(%)
低认知水平	278	41.87	7.61	0.14
高认知水平	145	21.84	4.61	0.16
管理类	198	29.82	3.41	0.09
自问自答	43	6.48	1.77	0.21
	664	100	17.4	0.13

　　综合分析表6-13、表6-14、表6-15,发现教师对个别学生、小组以及全班学生的提问均以低认知水平的问题为主;教师多次进行管理类提问,尤其是针对个别学生的管理类提问较为频繁;低认知水平的问题和管理类问题所占比重均高于高认知水平的问题;从单个问题平均话语量上看,高认知水平问题的话语量高于低认知水平问题和管理类问题的话语量,且对全班提问的话语量明显高于对小组提问的话语量,后者又高于对个别学生提问的话语量,表明随着提问对象范围的扩大,教师的表述趋向详细、具体。

二、教师提问过程中的伴生教学行为

　　以 Lexicon-澳为例,探究澳大利亚课堂上教师提问过程中的其他教学行为,统计结果如图6-6所示。

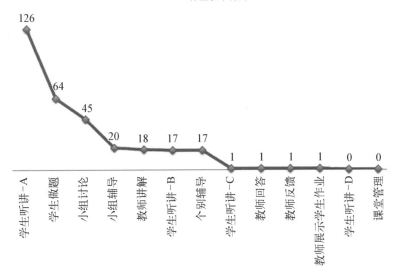

图 6‐6　教师提问过程中的伴生教学行为发生频次(Lexicon‐澳)

从图 6‐6 中可以看出,在教师提问过程中最主要的教学行为是学生的积极听讲,也伴随着学生做题、小组讨论,主要表现为教师进行个别提问时,全班正基于任务而进行合作学习和讨论。教师始终处于班级巡视、小组辅导和个别辅导的状态,教师的个别提问是实现个别辅导的途径之一,表明教师提问的目的指向给予学生帮助和指导。高频发生的学生听讲‐A、学生做题和小组讨论,表明教师提问过程中学生的积极参与以及卷入状态。

结合 TIMSS 1999‐澳的录像分析结果,从中可以判定澳大利亚课堂教师提问过程中的课堂形态具有稳定性,伴随教师提问而发生的其他教学行为具有共性,且这一共性与其他国家(中国、法国、芬兰)中学数学课堂教学中的教师提问也具有一定的共通之处,后文将以比较分析的形式追加论述。

进一步探究 Lexicon‐澳,分别分析在低认知水平问题、高认知水平问题和管理类这三种问题水平下的伴生教学行为,结果如图 6‐7 所示(不考虑教师的自问自答)。

观察图 6‐7 中的结果,依然表明学生高水平听讲、学生做题和小组讨论是主要的伴生教学行为,且伴有教师讲解和辅导。

三、基于教师提问的师生互动结构

基于教师提问的师生互动着眼于探究互动模式 2(学生提问—教师回答)、互动模式 3(教师讲解—学生听讲)、互动模式 4(学生做题—教师辅导)以及互动模式

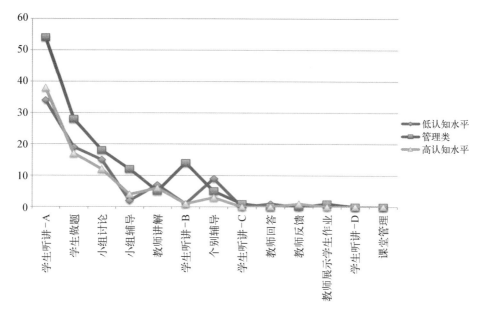

图 6 - 7　不同水平教师提问过程中的伴生教学行为发生频次(Lexicon - 澳)

5(课堂管理)在课堂上的呈现方式与实现形式。

　　在探究教师提问过程中的伴生教学行为时已显示出这一过程中的主要师生互动模式是互动模式3(教师讲解18次,学生听讲143次)和互动模式4(学生做题64次,教师辅导18次),较少出现互动模式5,表明教师提问过程中未进行班级监管,侧面反映班级秩序井然;也未出现互动模式2,这与教师提问行为和学生提问行为的互斥性有关,两者几乎不可能在同一时间点发生。

　　同样地,分析在此过程中不同问题水平下的师生互动结构,结果如表6 - 16所示。

表6 - 16　教师提问中基于问题水平的师生互动结构(澳大利亚)

有教师提问的课堂(15.63%)	低认知水平的问题:7.61%(200)					高认知水平的问题:4.61%(111)				
	1	2	3	4	5	1	2	3	4	5
	0	0	112	88	0	0	0	52	57	2
	管理类问题:3.41%(72)									
	1	2	3	4	5					
	0	0	23	42	7					
无教师提问的课堂(84.37%)										

118

表 6-16 展示了在低认知水平的问题、高认知水平的问题以及管理类问题下的师生互动模式分布及各种互动模式的发生频次。考虑到教师提问本身是互动模式 1 的主要实现形式,因而在教师提问背景下的互动模式探究中不考虑互动模式 1。由表 6-16 可知,在澳大利亚中学数学课堂上的教师提问过程中伴随着紧密的师生互动,主要表现为教师讲解主导下的学生听讲,学生做题过程中的教师辅导,以及少量的课堂管理。教师提出低认知水平问题过程中的师生互动以互动模式 3 为主,互动模式 4 也占据着相当大的比重;教师提出高认知水平问题过程中的师生互动模式中,互动模式 3 和互动模式 4 并重;教师提出管理类问题过程中的师生互动以互动模式 4 为主,兼有互动模式 3 和少量的互动模式 5,这表明管理类问题的提出并非绝对指向课堂管理、秩序调控等方面;互动模式 2 并未出现,表现出教师提问与学生提问的互斥性。

在本研究的五节澳大利亚课堂上,互动模式 3、互动模式 4、互动模式 5 的发生次数分别为 187、187、9,体现了澳大利亚中学数学课堂教师提问过程中的师生互动主要通过教师讲解—学生听讲以及学生做题—教师辅导的形式实现。

第四节 聚焦文献分析

国内对澳大利亚教育的评价众多,关于澳大利亚教育战略以及国家教育方针政策的解读文献也较为丰富。例如,李新翠在《澳大利亚基础教育》一书中,对澳大利亚教育尤其是基础教育的发展路径进行了深入、细致的介绍和研究。又如,LPS 项目从教师视角、学生视角等角度研究十二个国家的数学课堂教学,产生了颇多有借鉴意义的研究成果,其中关于澳大利亚数学课堂的研究成果颇丰。

一、学生听讲

学生听讲作为各国数学课堂中学生的主要行为,在澳大利亚课堂上也占据重要地位。专门针对学生听讲而进行的研究较少,仅有克拉克教授从亚洲和西方课堂上的学生听讲出发,研究发现在中国和日本的课堂上非常强调听讲的价值和作用,而在澳大利亚、美国等西方国家的课堂上则不太强调学生要认真地听教师或其他学生的言语,他们更加强调"说(speaking)",认为说比听更能体现合作[1]。纵

---

[1] CLARKE D. Using international research to contest prevalent oppositional dichotomies[J]. ZDM, 2006, 38(5): 376-387.

观澳大利亚、法国和芬兰的课堂录像可以得到类似结论,但是,即使是更加强调"说"而非"听"的西方国家课堂,学生听讲依然是一个重要的教学行为,因为只要有教师发声,就对应着学生听讲,只不过听讲的卷入水平存在国家间的差异。

二、学生做题

学生做题作为各国中学数学课堂的共同关切,在澳大利亚数学课堂上同样得到重视,充分契合澳大利亚全国统一的数学课程标准中的课程目标和理念,即:重视培养学生解决问题的能力,鼓励学生积极参与,使其成为自信的学习者[1]。

澳大利亚教材在编排上充分鼓励学生在课堂内外自主做题。以皮尔逊(Pearson)集团 2008 年出版的 *Heinemann Maths Zone 7 - 10 VELS Enhanced* 教材为代表,教材有专门的"学习准备区(prep zones)",位于每一章新知教授之前,其中有一些练习题要求学生完成;理论部分(theory sections)的每个例题都有详细步骤(steps),以提醒学生注意解题规范;教材把习题分为技能(skills)、应用(applications)、分析(analysis)三部分,其中尤以技能和应用类习题为主,习题数量明显高于中国的数学教材[2]。郭玉峰对澳大利亚 Mathscape 教材进行了分析,得出该版本教材注重练习的层次性这一特点[3]。

如图 6 - 8 所示,是 Lexicon - 澳的课堂上学生独立做题的示例,充分体现出澳大利亚注重学生做题以及量大题多的特点。特别地,虽然题目量大,但是却不要求学生全部完成,且当学生在某一难点上无法突破时,教师会有的放矢地进行讲解[4]。

这一示例尚未能体现澳大利亚课堂注重联系实际生活的特征,然而有研究指出,澳大利亚课堂与生活的联系度为 27%,即课堂教学设计中有 27% 的问题与实际生活相联系,而这一比例在中国(北京、上海四位教师的共 20 节课)则为

[1] 康玥媛.澳大利亚全国统一数学课程标准评析[J].数学教育学报,2011,20(5):81-85.

[2] 吴立宝,曹一鸣,董连春.澳大利亚初中 Heinemann 数学教科书编排结构特点及启示[J].数学教育学报,2013,22(5):21-26.

[3] 郭玉峰.澳大利亚 Mathscape 教材特点分析及思考[J].课程·教材·教法,2006,26(1):92-96.

[4] 陈向阳,贾红莉,陈曦.澳大利亚的中学:灵活的课程和素质惟上的教学[J].人民教育,2000(5):46-53.

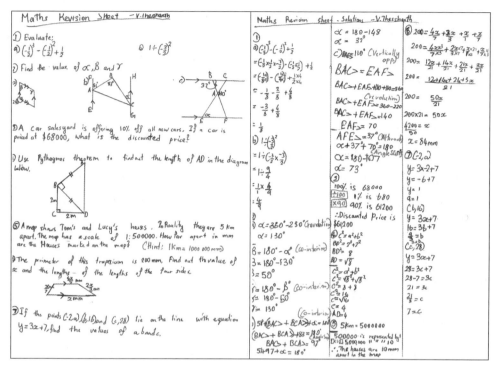

图 6-8　学生做题示例(Lexicon-澳)

5%～17%不等[1],体现出澳大利亚课堂中的学生做题具有相对更强的实用主义色彩。

澳大利亚的课程标准指出,要将学生的学习与日常生活实际相联系,强调创设与现实情境相联系的问题情境,充分扎根于学生的日常生活,从中寻求数学问题、应用所学数学知识[2],因而澳大利亚中学数学课堂教学表现出注重联系实际的特点[3]。

但是,已有对澳大利亚课堂录像的研究显示,课堂上当学生独立完成教师分配的数学问题后,这些问题很少在全班作示范并展开讨论[4],这是不同于中国课堂学生做题的表现之一。

〔1〕 曹一鸣,许莉花.数学与现实生活联系的度是什么——基于中国4位数学教师与 TIMSS 1999 录像研究的比较[J].中国教育学刊,2007(6):60-62,68.

〔2〕 綦春霞.澳大利亚数学课程标准的特点及其启示[J].比较教育研究,2006(7):81-85.

〔3〕 李新翠.澳大利亚基础教育[M].上海:同济大学出版社,2015.

〔4〕 黄荣金.国际数学课堂的录像研究及其思考[J].比较教育研究,2004(3):39-43.

三、教师提问

视频分析及文献解读均显示：教师提问是澳大利亚教师常用的教学方法之一。本研究五节澳大利亚录像课中，有近一半(45.18%)的教师提问指向个别学生，体现出较强的针对性。

克拉克教授及其团队对 LPS 项目中的澳大利亚、美国、日本以及瑞典课堂进行了研究，发现各国在课堂初始阶段具有高度的一致性，主要的教学行为趋同，并分析得出主要的课堂教学行为构成[1]。其中，无论在复习环节还是在教师讲解环节，教师提问都发挥着重要作用。

四、师生互动

虽然录像分析显示出澳大利亚课堂呈现活泼生动的一面，但仍不可否认的是，教师对课堂的组织有着主要的决策作用。教师需要在课程标准规定的学生学习框架内决定学习场景，思考如何才能更好地组织教学以及了解班上每个学生的学习深度[2]。

录像分析的结果显示，互动模式 1(教师提问—学生回答)占据着重要的位置。澳大利亚的课程标准中明确提出鼓励学生主动提问并以此作为教学的资源，主动提问是其作为积极参与者和课堂主人的体现。研究者指出，当学生主动提出特定数学问题时，这个问题正帮助他们建构其未来的探究过程[3]。

由于澳大利亚课堂上教师讲解占据相当比例，因而互动模式 3(教师讲解—学生听讲)在澳大利亚课堂上也占据相当的比例。

〔1〕 MESITI C, CLARKE D. Beginning the lesson：the first ten minutes[M]//
CLARKE D, EMANUELSSON J, JABLONKA E, et al. Making
connections：comparing mathematics classrooms around the world. Rotterdam：
Sense Publishers, 2006：47－71.
〔2〕 康玥媛. 澳大利亚全国统一数学课程标准评析[J]. 数学教育学报, 2011, 20
(5)：81-85.
〔3〕 CIFARELLI V. Abductive inference：connections between problem posing and
solving[M]//ZASLAVSKY O. Proceedings of the 23rd conference of the
International Group for the Psychology of Mathematics Education. Haifa,
Israel：PME, 1999：217-224.

对于互动模式 4(学生做题—教师辅导),从教材设置上就可见澳大利亚课堂关注学生做题。同时,澳大利亚课堂强调尊重学生的主体地位和个性特征,相当一部分的课堂时间用于学生自主做题或以小组合作的方式解题,其间伴随着教师辅导,以促进学生解题。个别辅导和小组辅导体现了澳大利亚个性化教学的特征,因而互动模式 4 是澳大利亚中学数学课堂上主要的师生互动模式之一。

对于互动模式 5(课堂管理),在澳大利亚的教师专业标准中提出,用符合逻辑的方式选择和组织教学内容以达到学习目的;要善于管理课堂里发生的一系列学生行为,善于处理突发的一系列状况,并创建有价值的、有利于学生成长的学习氛围,为学生创设一种让其体会到幸福感的、安全的、支持性的学习环境[1]。这一要求体现了对课堂管理的指向性特征。

第五节　本章小结

本章主要采取录像分析和文献分析的方法。通过分析 Lexicon -澳和 TIMSS 1999 -澳,以及对国内外已有的关于澳大利亚教育、课堂的研究文献的解读,勾勒出澳大利亚中学数学课堂上相关师与生、教与学的行为概貌,尤其聚焦学生听讲、学生做题、教师提问以及师生互动这几个教学行为。

录像分析显示,基于中国课堂得出的 CPB(学生听讲、学生做题、教师提问、师生互动)在澳大利亚课堂中也是高频发生或占据课堂时间较长的重要教学行为,因而将其作为澳大利亚课堂上的 CPB,并作进一步的研究。

一、学生听讲

汇总取自 Lexicon 和 TIMSS 1999 两个项目、跨度近 20 年的澳大利亚数学课堂录像,发现学生听讲的水平分布仍具有高度的一致性,主要表现为高水平的学生听讲(A 水平和 B 水平)仍占据主导地位,占课堂时长的 75.85%,低水平的学生听讲仅占 6.31%。学生听讲合计占据课堂时长的 82.16%,是一个时长跨度较大的教学行为,因而学生听讲中的教学行为表征一定程度上代表了这节课的整体态势。

〔1〕 赵凌,张伟平.教师的专业标准:澳大利亚的实践与探索[J].比较教育研究,
　　　2010(4):87-90.

录像显示,低水平的学生听讲主要发生在全班听讲时,表明学生听讲质量受教师发声对象的影响;也有出现当教师面向个别学生和小组时,学生听讲水平低的情况。此外,低水平的学生听讲以发生在课堂开始和结束阶段为主,这两个阶段的班级秩序相对混乱,需要教师维持。学生听讲过程中主要伴随着教师反馈、学生做题、教师提问、教师讲解、学生回答和课堂管理,可见教师的主要角色是作为辅导者和引领者。

录像显示,教师提问、学生回答、学生提问、学生做题、教师辅导等频繁发生,师生之间互动形式多样。其中,在课堂占比达 70% 的 A 水平学生听讲中,互动模式 1~互动模式 5 的占比分别为 58.20%、14.18%、15.03%、9.74% 和 2.86%,表现出师生互动以问答式为主的特征。

综合五节课上学生听讲过程中的师生互动模式,发现互动模式 1~互动模式 5 的占比分别是 57.08%、14.62%、13.88%、9.07%、5.37%,表明了互动模式 1 是澳大利亚中学数学课堂中最主要的师生互动类型,体现出教师讲解或者辅导的策略——倾向于以提问的形式辅助学生的思考或者解题。互动模式 2 占据较高比重,这是中国课堂中所欠缺的,说明澳大利亚鼓励学生主动参与、做积极的学习者的理念在实际课堂教学中得到了较好的践行。

问答式即互动模式 1 和互动模式 2 共占据总数的 71.70%,表明师生之间的问答是教师与学生群体或个体之间进行沟通与知识传输的主要方式。

二、学生做题

澳大利亚课堂重视学生做题,不仅表现在教材编排上,还落实在课堂教学中。录像研究显示,学生做练习题平均占课堂时长的 28.86%,而学生做例题占 18.5%,合计 47.36%,即整个课堂平均约有一半时间处于学生自主做题中。小组合作做题和学生独立做题分别约占学生做题主体形式的 75% 和 25%,体现出澳大利亚课堂强调学生合作以进行问题解决。同时,学生做题行为主要发生在各自的座位上。

学生做题过程中,小组讨论、学生高水平听讲、教师辅导、教师反馈均为高频发生的教学行为。教师不断对个别学生或小组进行辅导,但辅导几乎都不是由教师发起的,而是学生经过自主思考之后仍无法解决问题,进而主动向教师寻求帮助。

就学生做题过程中的师生互动模式而言,五节录像课上互动模式 1~互动模式 5 的占比分别为 45.01%、17.97%、16.90%、14.13% 和 5.99%,可见互动模式 1 主导,互动模式 2~互动模式 4 占比相当。其中,互动模式 5 出现 39 次,一定程度上显示出课堂秩序不佳。

有研究指出,与中国课堂相比,澳大利亚课堂上学生所做的题目表现出更强的基于生活情境的特征和实用主义色彩,但缺少对问题作全班性的示范和讨论[1],这是迥异于中国课堂学生做题的表现之一。

三、教师提问

录像显示,教师提问—学生回答这种互动模式是师生之间进行沟通与互动的主要模式。教师提问以对个别学生的提问为主,约占问题总数的 45%,反映出澳大利亚课堂上教师提问的针对性强。从提问的内容上看,主要侧重具体题目的解决;从问题水平上看,对个别学生、小组、全班的提问均以低认知水平的问题为主,高认知水平的问题和管理类问题占比相当。

在教师提问过程中,师个互动是主要类型,师班互动频繁,师组互动也占据一定地位,体现出课堂主体的多元性。特别地,澳大利亚课堂尊重学生主体性的发挥,主要表现在给学生更多独立学习的机会以及鼓励学生以合作的形式开展学习。

从话语量上看,高认知水平问题的话语量高于低认知水平问题和管理类问题。在提问对象方面,对全班提问时的话语量最高,其次是对小组学生的提问,对个别学生提问时的话语量最低。

高水平的学生听讲、学生做题、小组讨论、小组辅导和教师讲解等都是教师提问过程中高频发生的教学行为。五节澳大利亚录像课表现出高度趋同性,反映出教师提问过程中的课堂形态具有稳定性。

从互动模式来看,教师提问过程中伴随着紧密的师生互动,主要表现为教师讲解主导下的学生听讲,学生做题过程中的教师辅导,以及少量的课堂管理。互动模式 3、互动模式 4、互动模式 5 各发生 187 次、187 次、9 次,占比分别为 48.83%、48.83%、2.35%。

四、师生互动

澳大利亚的课堂要求以学生为主体,因而师生之间的互动体现出基于学生需

---

〔1〕 黄荣金.国际数学课堂的录像研究及其思考[J].比较教育研究,2004(3):39-43.

求的双边互动。如互动模式 4,学生做题过程中的教师辅导在澳大利亚课堂上频繁发生,体现出基于问题解决的师生互动。

课堂上,互动模式表现出以问答式为主导。与师生问答相比,由于教师讲解和教师辅导在时间上具有一定的持续性,因而即使其在频次上来看并不高,但实际上在课堂上的时间占比和话语量占比均较高,说明互动模式 3 和互动模式 4 在澳大利亚课堂上具有和问答式一样举足轻重的地位。并且,问答式互动的主导性除了体现在教师提问的频发上,还表现在学生提问的高发上,互动模式 2 的高频发生正契合澳大利亚课程标准的要求。

在关注做题和强调学生自主的传统下,教师的辅导成为师生之间进行沟通的重要媒介,针对性的辅导体现了澳大利亚课堂个性化教学的特征以及强调尊重学生主体地位和个性的特点。同时,互动模式 5 也是澳大利亚课堂上沟通教师与学生的重要方式。

整体来看,澳大利亚中学数学课堂中的师生互动以教师与个人之间的互动为主,教师与小组和全班的互动亦占据重要地位。学生的主体性得以充分体现并得到尊重,教师的角色更为倾向于辅导者和引领者,体现出师生之间的互动是基于学生的需求。

第七章 / 法国课堂 CPB 表征

本章选取的是一节法国八年级数学课，取自 Lexicon 项目，内容是"有理数的混合运算习题课"。图 7-1 是这节课的座位安排，全班 23 人。小班教学（20 人左右）是法国提高中学素质教育的举措之一[1]，座位安排亦区别于中国传统课堂，表现出便于学生展开小组合作的倾向性。

作为取自 Lexicon 项目的视频课，默认它符合用于研究的课堂教学视频课标准：这是一节典型的法国中学数学课，具有法国课堂开展数学教学的常态形式；选

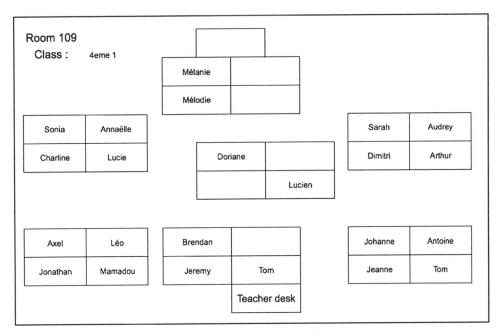

图 7-1　Lexicon-法座位表

---

〔1〕　赖新元.法国中小学教育特色与借鉴[M].北京：中国戏剧出版社，2009.

取的是当地同行认可的优秀教师的常态课;对该班级连续录制三节课后确定第三节作为研究对象以保障教师和学生的状态尽可能少地受到录像的影响。在此标准下,可以认为本研究中的这节录像课具有一定的代表性,即能呈现出法国中学数学课堂教学的一般特征,而非异常。

结合这一课,尤其是针对其代表性,笔者简要访谈了 Lexicon 项目的法国负责人,也是 Lexicon-法课堂录像录制者和挑选者阿蒂格教授,教授表示:由于很难(甚至根本不可能)用一节或者几节课来代表一位教师的课堂教学乃至整个法国所有数学教师的课堂教学特色,所以只能从这一节录像课本身的代表性去审视。事实上,这一节课具有较高的代表性,学生和教师的表现并无突兀,几乎与所有法国课堂一样,且法国数学课堂关注计算的教学传统与特点也得到了很好的体现。因此,从这节课中可以看出法国课堂一般的授课模式和师生的参与状况。

本研究综合 Lexicon 项目本身的标准以及对阿蒂格教授的访谈,并基于这一节 Lexicon-法录像课以及已有的法国课堂教学相关文献来呈现法国中学数学课堂 CPB 的表征。研究主要从以下三个维度展开分析,即:学生听讲的表征及其过程中的师生互动;学生做题的表征及其过程中的师生互动;教师提问的表征及其过程中的师生互动。

该部分研究主要采取录像分析法、文献分析法和访谈法。首先对 Lexicon-法作初步量化以呈现法国中学数学课堂上的 CPB 表征;进而结合文献和对阿蒂格教授的访谈进行内容分析,以补充法国课堂特征,最终形成研究结论。

第一节　学生听讲的表征

一、学生听讲的卷入程度

借助 NVivo 质性编码软件对 Lexicon-法进行分析,依据学生听讲主体的变换以及课堂教学内容的变换等,可以将法国课堂的学生听讲行为划分为 75 个听讲片段,表 7-1 直观呈现了各听讲片段的学生卷入程度和持续时间。

表 7-1　学生听讲片段分析(Lexicon-法)

伴生教学行为	卷入程度	听讲主体	持续时间(s)	伴生教学行为	卷入程度	听讲主体	持续时间(s)
无	D	全班	79.8	做题、思考	A	个别	14
无	C	全班	64.5	做题、思考、提问	A	个别	20.7

伴生教学行为	卷入程度	听讲主体	持续时间(s)	伴生教学行为	卷入程度	听讲主体	持续时间(s)
无	B	个别	8	做题、思考、提问	A	个别	14.4
做题	A	全班	3.3	做题、思考、提问	A	个别	12.3
做题	A	个别	8	做题、思考、提问	A	个别	24.8
做题	A	个别	4.2	提问、思考	A	个别	8.2
做题	A	个别	18.5	思考	A	个别	12.5
做题	A	个别	4.4	思考	A	个别	6.3
做题、思考	A	个别	14.7	思考	A	个别	13.5
做题、提问、思考	A	个别	15.2	思考、提问	A	个别	7.7
做题、提问、思考	A	个别	12	思考、提问	A	个别	7.9
做题、提问、思考	A	全班	72.8	记笔记、思考、做题	A	个别	27
无	B	个别	16.3	思考、提问	A	个别	13.1
提问、思考	A	个别	30	记笔记、思考	A	个别	14.6
无	B	个别	5.4	记笔记、思考、做题、提问	A	个别	26.3
提问、思考	A	全班	128.1	思考、提问	A	个别	10.8
思考、记笔记	A	全班	92.1	做题	B	个别	11
思考、提问	A	全班	76.2	思考、提问	A	个别	14.9
思考、提问	A	全班	52.4	无	B	个别	12.9
思考、提问	A	全班	116.8	无	B	全班	35.6
思考	A	全班	25.3	思考、提问	A	个别	30.8
思考	A	全班	91.6	思考、提问	A	个别	7.9
记笔记、思考	A	全班	142.9	思考、提问	A	个别	24.1
提问、思考	A	个别	44	思考、提问	A	个别	12.3
提问、思考	A	个别	10.7	思考、提问	A	个别	44.4
提问、思考、做题	A	全班	517.5	思考、提问	A	个别	11.6

伴生教学行为	卷入程度	听讲主体	持续时间(s)	伴生教学行为	卷入程度	听讲主体	持续时间(s)
无	B	个别	10.5	思考、提问	A	个别	46.9
提问、思考、做题	A	个别	37.2	思考、提问	A	个别	19.9
提问、思考、做题	A	个别	14.5	思考、提问	A	个别	19.7
提问、思考	A	个别	12.1	思考、提问	A	个别	3.1
提问、思考	A	个别	11.4	思考	A	个别	13.2
提问、思考	A	个别	17.3	思考	A	个别	21.1
提问、思考	A	个别	8.8	思考、提问	A	个别	7.3
思考	A	个别	8.8	思考	A	个别	21.2
提问、思考	A	个别	2.9	记笔记、思考、提问	A	全班	364.8
做题	B	个别	12.5	思考	A	全班	190.9
做题	B	个别	16.4	无	C	全班	28.7
做题	B	个别	12.5				

对表7-1中的内容作汇总,得到表7-2。

表7-2　四种水平的学生听讲行为分布(Lexicon-法)

卷入程度	持续时间(s)	课堂占比(%)	听讲主体	伴生教学行为
A	2 681.9	80.54(62)	全班(13)、个别(49)	做题(19)、提问(41)、记笔记(6)、思考(57)
B	141.1	4.24(10)	全班(1)、个别(9)	做题(4)、无(6)
C	93.2	2.80(2)	全班(2)	无(2)
D	79.8	2.40(1)	全班(1)	无(1)

注:本课时长3 330 s,表中的占比是相对课堂总时间而言的。如果相对学生听讲时间而言,则该占比分别为89.52%、4.71%、3.11%、2.66%。

观察表7-2可以发现,整个课堂约85%的时间学生处于积极听讲状态,即A水平或B水平;低水平的学生听讲仅发生在课堂管理、秩序维持环节,在知识教学环节,学生能够认真听讲。学生整体的卷入水平较高,有参与、有互动;能够进行思考,主动提问较频繁。并且,教师在学生做题过程中多次进行了对个别学生的辅导,学生在保持高度卷入状态的同时,能够结合教师的讲解与辅导进行思考并做题,必要时也能及时记笔记。

从表 7－1 和表 7－2 中可以发现,C 水平和 D 水平的学生听讲较少,且都是在全班听讲的情况下发生。与澳大利亚课堂类似,法国课堂的低水平学生听讲主要发生在课始和结束阶段。

综合而言,影响这节课学生听讲水平差异的主要原因与澳大利亚课堂如出一辙:(1) 课堂教学环节比课堂首尾的管理调控过程更容易实现高水平的听讲;(2) 教学过程中呈现具体教学知识或任务时,学生能够进行高水平听讲,而无有效教学内容时,学生的听讲水平较低;(3) 对大规模学生听讲质量的控制相对难以达成。

二、学生听讲过程中的伴生教学行为

伴生教学行为的探究主要着眼于厘清学生听讲过程中的课堂态势。如图 7－2 所示,在 Lexicon－法的学生听讲过程中,主要发生的教学行为依次为学生做题、教师反馈、个别辅导、教师讲解、教师提问等。结合本研究对师生互动的界定,可知师生互动也是学生听讲过程中的主要伴生教学行为。这一结果也与问卷调查得出的 CPB 存在一致性,说明基于中国样本探寻的 CPB 在法国课堂教学情境中也存在适用性和合理性,两国课堂在共同关切上具有一致性。

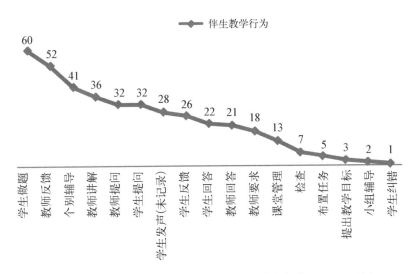

图 7－2　学生听讲过程中的伴生教学行为发生频次(Lexicon－法)

由于这是一节习题课,因而学生做题具有较高的发生频率。课上,教师充分将主动权交给学生,学生的主体性得以体现。

教师讲解、教师辅导等多个教师行为发生的频率也较高,过程中伴随着学生听讲,表明在这节课上师生互动频繁,且互动多以教师为主导而展开,并让学生在问题解决和知识习得过程中受益。

伴生教学行为的发生在不同听讲水平下呈现不同形态。进一步分析可知,各伴生教学行为下的听讲水平均以 A 水平为主,低水平的学生听讲主要发生在课堂管理中。表明了在课堂管理中监管学生卷入状态的难度,也与课堂管理本身对学生卷入状态的要求相对不高有关系。

三、基于学生听讲的师生互动结构

将学生听讲置于整个师生互动结构中进行研究。根据前文对师生互动的模式建构,汇总得到 Lexicon -法这节课上各学生听讲水平下的师生互动模式,如表7－3 所示。

表7-3 基于学生听讲的师生互动结构(Lexicon -法)

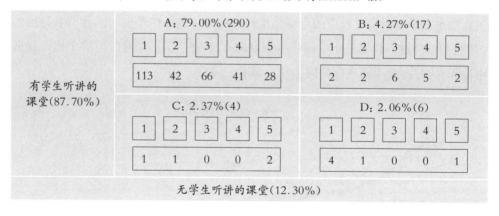

由表7－3 可知,在 A 水平的学生听讲中,互动模式1(教师提问—学生回答)出现 113 次,互动模式2(学生提问—教师回答)出现 42 次,互动模式3(教师讲解—学生听讲)出现66 次,互动模式4(学生做题—教师辅导)出现41 次,互动模式5(课堂管理)出现28 次。同样地,可知其他三类水平的学生听讲中各互动模式出现的频次。

在 A～D 四种水平的学生听讲中,互动模式1～互动模式5出现的频次依次是120 次、46 次、72 次、46 次和33 次,表明互动模式1是这节课中最主要的师生互动类型。除此之外,互动模式3出现的频次也较高,表明教师讲解也是主要沟通师生关系的桥梁;且各互动模式均主要集中在占比最高的 A 水平中。

在高水平听讲的 A 水平和 B 水平中,五种师生互动模式都有所出现,但是在分布上略有差异。A 水平的学生听讲中,各种互动模式的分布均较多,且集中表现为师生之间的相互问答以及教师讲解;而在 B 水平的学生听讲中,师生互动相对以教师的辅导和讲解为主。在低水平听讲的 C 水平和 D 水平中,出现的师生互动模式相同,均未出现互动模式3和互动模式4。进一步分析 C 水平和 D 水平在具体问答中出现的互动行为,发现在此表现出的是并非直接与知识内容相关的问答。

第二节　学生做题的表征

在 Lexicon-法这节课上,通过对学生做题行为的分析,发现学生所做的都是对已掌握知识的练习,采取的方式都是独立做题,没有出现学生板演的情况。

一、学生做题的呈现方式

结合 CPB 编码表,得到 Lexicon-法课堂上学生做题行为的表征,如表 7-4 所示。

表 7-4　学生做题的呈现方式和持续时间(Lexicon-法)

片段	持续时间(s)	课堂占比(%)	做什么	怎么做	场　域
1	201	6.04	练习题	独立	座位上
2	1 135	34.07	练习题	独立	座位上
3	313	9.09	练习题	独立	座位上

从表 7-4 中可以看出,这节课上的学生做题行为表现出趋同性,所做的都是练习题,没有例题,这与本节课是一节习题课息息相关。三次学生做题中穿插两次教师讲解,教师针对学生的疑难困惑以及题目需要澄清之处进行解释和说明。在课堂占比上约占课堂总时长的一半,即学生有一半的时间在做题。这节课上,学生做题表现出独立自主性,没有出现小组合作或者全班共同解答的现象;且做题行为都在学生各自的座位上进行,这一相对静态的表现也佐证了学生做题过程中所表现出来的自主独立性。

二、学生做题过程中的伴生教学行为

学生做题过程中,伴随着其他课堂教学事件的发生,汇总结果如图7-3所示。从中可以看出,在学生做题的过程中,教师的参与始终处于积极状态,发生频次靠前的教师行为依次是教师反馈、教师讲解、教师提问。其中,教师反馈发生的频次最多,达92次。

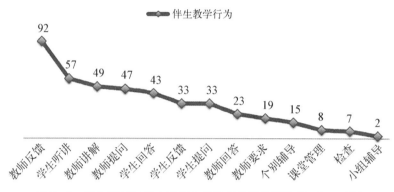

图7-3 学生做题过程中的伴生教学行为发生频次(Lexicon-法)

本课中,结合是否涉及评价、是否存在正面激励等因素,将教师反馈分为四种:教师反馈—不涉及评价,出现72次;教师反馈—涉及评价,出现16次;教师鼓励,出现4次;教师接受纠错(学生纠正教师的错误,教师接受并认同),没有出现。不涉及评价的教师反馈主要表现在学生提问时,此时教师只作出应答以表示接受学生的提问;涉及评价的教师反馈主要通过回复"是的"、重复学生的作答等方式给出作答正误的反馈;教师鼓励是学生在思维上或操作中出现障碍时,教师通过言语或肢体语言的方式给予学生支持或策略上的鼓动,本课中出现的均为言语上的鼓励,如"你可以的""这是一个好的开始"。

进一步分析图7-3,发现这节课上出现了成对的伴生教学行为:教师提问(47次)—学生回答(43次),以及学生提问(33次)—教师回答(23次),表明互动模式1和互动模式2是这节课上学生做题过程中的主要师生互动模式。

这节课上,由于学生所做的习题数量为三道,故将学生做题过程分为三个片段,包括每道题的教师讲解和指导。三个片段中的伴生教学行为如图7-4所示,可见各教学行为在三个片段中的发生情况与在整个课堂上的发生情况存在一致性,教师反馈、学生听讲、教师讲解和教师提问均为其中高频发生的主要教学行为。

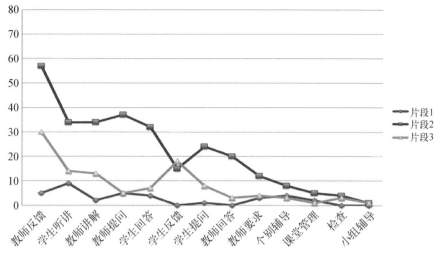

图 7-4 三个学生做题片段中的伴生教学行为发生频次(Lexicon-法)

三、基于学生做题的师生互动结构

上文已显示,互动模式 1 和互动模式 2,即教师提问—学生回答和学生提问—教师回答在学生做题过程中多次出现,不仅体现了师生之间高强度、高水平的互动,还体现了学生做题过程中的师生互动主要表现为基于解题需求的问答。

三个学生做题片段中的师生互动模式分布及其发生频次如表 7-5 所示,从中可知五种互动模式在各个片段中均存在。整个过程中,互动模式 1、互动模式 2 和互动模式 3 出现的频次分别是 41 次、33 次和 49 次,这是师生之间展开互动的主要方式。其中,互动模式 3 主导,表明在学生做题过程中教师讲解的必要性。互动模式 4 出现 17 次,即教师共进行了 17 次辅导,其中个别辅导 15 次,小组辅导 2 次。考虑到辅导的持续性,其在课堂上以及在学生做题过程中的占比其实是较为可观的。笔者统计得到,教师辅导的时长为 12 分 12 秒,占课堂教学时长的 21.97%,并占学生做题过程时长的 44.39%,可见教师辅导也是学生做题过程中的主要师生互动模式,再次表明了教师在学生做题过程中的积极参与。

表 7-5 基于学生做题的师生互动结构(Lexicon-法)

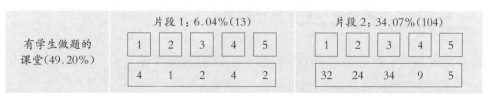

有学生做题的课堂(49.20%)	片段1:6.04%(13)					片段2:34.07%(104)				
	1	2	3	4	5	1	2	3	4	5
	4	1	2	4	2	32	24	34	9	5

续　表

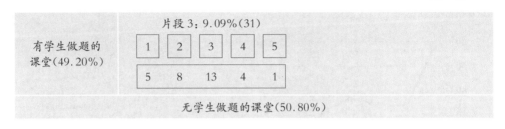

相较之下,互动模式 5 出现的次数较少,表明教师较少需要对课堂进行纪律监管,且从课堂录像可以观察到,出现的几次课堂管理也是集中在对教学进度和课堂时间的监管上,并非对学生无秩序行为的监管。下面是关于课堂管理的一段实录。

生:能给我一张纸吗?
师:给。

这一实录佐证了学生做题过程中的课堂管理多为静态的、指向课堂进展的管理,体现了这一过程中对于课堂管理的执行需求相对不如教师辅导、教师讲解等其他教学行为来得迫切和重要。从另一个角度来看,上文已提及学生做题行为在这节课上的占比约为 50%,即整个课堂约一半的时间未涉及过多的课堂管理,一定程度上佐证了这节课的优质性。

第三节　教师提问的表征

前文已多次表明,师生问答尤其是教师提问—学生回答这种互动模式是师生之间进行沟通与互动的主要模式,因而关于教师提问的再研究对深度刻画法国中学数学课堂教学的基本特征具有不容忽视的重要意义。

一、教师提问的呈现方式和课堂话语量

利用 NVivo 软件对 Lexicon‑法这节课上的教师提问进行编码,从而汇总得到关于 125 个教师提问的各项表征,如表 7‑6 所示。

表7-6 基于提问内容的教师提问分析（Lexicon-法）

提问对象	提问内容	问题数量	问题数量占比（%）	平均课堂话语量占比（%）	单个问题平均话语量（%）
个别学生	知识类	40	32	3.06	0.08
	解题类	28	22.4	2.73	0.10
	管理类	13	10.4	0.63	0.05
		81	64.8	6.42	0.08
全班	知识类	7	5.6	1.05	0.15
	解题类	32	25.6	6.25	0.20
	管理类	3	2.4	0.48	0.16
		42	33.6	7.78	0.19
自问自答		2	1.6	0.18	0.09

观察表7-6可知，这节课上的教师提问主要针对个别学生和全班学生，分别占问题总数的64.8%和33.6%，没有出现对小组的提问。并且，面向个别学生的提问约是面向全班学生的2倍，表明教师与学生个体的互动是主要类型。

从提问的话语量（以字数计入）来看，对全班学生的提问比对个别学生的提问来得更加详细，前者的平均话语量约是后者的2倍。两类提问对象的规模特点可以对这一现象作出解释：针对个别学生的提问情境更为稳定、静态，且针对性更强，因此用相对简短的话语即可表述出问题的核心，并能使提问对象明白问题所在；针对全班学生的提问由于受到班级环境，尤其是人数众多的影响，因此，为使得全班学生都能听清楚问题，并保证前后的连贯，教师往往需要相对较多的话语对问题作出陈述。

从课堂录像中可以清楚地看到，对于个别学生的提问，由于有充分的情境和师生之间的良好互动，简洁的语言即可表达出问题本身，如教师以一句简洁、清晰的提问"为什么"，便可获取学生对问题的进一步分析与解释。而要发起对全班学生的提问，首先需要一个充分详细且情境化的问题，故教师的提问内容显得更为丰富、充实；后续如果有相关追问，教师在话语量上会有所减少，但仍较难实现像针对个别学生提问那样简洁。

根据第三章所构建的教师提问编码表及分析框架，管理类提问指的是指向教学秩序、学生关怀等的提问。由表7-6可知，这节课上的管理类提问主要存在于对个别学生的提问上，提问数量达13次，表明教师和学生个体之间的互动紧密，也表明相对于整个班级环境而言，个别学生的行为或学习进度更需要监管，体现了教师在课堂管理和提问方面的针对性。

管理类提问的起因并不一定是课堂秩序混乱或个别学生表现不佳。本研究中的管理类提问分为两种类型：一种为教学类管理提问，指向对与教学直接相关的行为的监管，对教学进度的监管等；另一种为人文关怀类管理提问，指向对学生情绪方面的关怀。下面两段课堂实录分别为教师教学类管理提问和人文关怀类管理提问，从中可见两者的区别及其含义。

教师教学类管理提问实录（来自 Lexicon-法）：

师：现在你做到哪了？
生：我发现……
师：你需要在你的笔记本上写下你的计算步骤，请全都写下来。

教师人文关怀类管理提问实录（来自 Lexicon-法）：

师：你想坐到杰瑞旁边吗？
生：是的。
师：好的，去吧，带好你的东西。

上述第一段实录为教师对个别学生的学习进度进行提问，第二段实录为教师对个别学生在教室中的座位安排进行提问。两种类型的管理类提问在这节课上分别发生了 6 次和 7 次，发生的频次相当。同时，管理类提问的话语量占比较低，体现了管理类提问简洁、快捷的特点，针对性强，言简意赅。

至此，完成教师提问的第一步编码。

第二步：分别对这 125 个教师提问进行二次编码，主要考查问题类型，结果如表 7-7 所示。

表 7-7　基于问题类型的教师提问分析（Lexicon-法）

提问对象	问题类型	问题数量	问题数量占比（%）	平均课堂话语量占比（%）	单个问题平均话语量（%）
个别学生	回忆型	18	14.4	1.39	0.08
	理解型	16	12.8	1.47	0.09
	运用型	14	11.2	1.01	0.07
	分析型	15	12	1.37	0.09
	综合型	4	3.2	0.24	0.06

提问对象	问题类型	问题数量	问题数量占比(%)	平均课堂话语量占比(%)	单个问题平均话语量(%)
个别学生	评价型	1	0.8	0.3	0.30
	管理类	13	10.4	0.63	0.05
		81	64.8	6.42	0.08
全班	回忆型	5	4	0.85	0.17
	理解型	5	4	0.88	0.18
	运用型	17	13.6	2.93	0.17
	分析型	12	9.6	2.64	0.22
	综合型	0	0	0	0
	评价型	0	0	0	0
	管理类	3	2.4	0.48	0.16
		42	33.6	7.78	0.19
自问自答		2	1.6	0.18	0.09

从表 7-7 中可以看出,针对个别学生关于回忆型、理解型、运用型、分析型、综合型、评价型、管理类的提问分别有 18 个、16 个、14 个、15 个、4 个、1 个、13 个;类似地,针对全班学生的提问分别有 5 个、5 个、17 个、12 个、0 个、0 个、3 个。将两者汇总,得到在所有教师提问中,关于这些类型的提问分别有 23 个、21 个、31 个、27 个、4 个、1 个、16 个,表明教师以回忆型、理解型、运用型、分析型和管理类提问为主。

继而,将表 7-7 中的问题类型进行归类,分别得到表 7-8 和表 7-9 的结果。

表 7-8　基于提问对象和提问水平的教师提问分析(Lexicon-法)

提问对象	提问水平	问题数量	问题数量占比(%)	课堂话语量占比(%)	单个问题平均话语量(%)
个别学生	低认知水平	48	38.4	3.87	0.08
	高认知水平	20	16	1.91	0.10
	管理类	13	10.4	0.63	0.05
		81	64.8	6.42	0.08
全班	低认知水平	27	21.6	4.66	0.17
	高认知水平	12	9.6	2.64	0.22
	管理类	3	2.4	0.48	0.16
		42	33.6	7.78	0.19
自问自答		2	1.6	0.18	0.09

表7-9　基于提问水平的教师提问分析(Lexicon-法)

提问水平	问题数量	问题数量占比(%)	课堂话语量占比(%)	单个问题平均话语量(%)
低认知水平	75	60	8.53	0.11
高认知水平	32	25.6	4.55	0.14
管理类	16	12.8	1.11	0.07
自问自答	2	1.6	0.18	0.09
	125	100	14.37	0.08

从表7-8和表7-9中可知,教师对个别学生所进行的低认知水平、高认知水平和管理类提问分别有48个、20个、13个,在个别提问中的占比分别为59.26%、24.69%、16.05%。对全班学生所进行的低认知水平、高认知水平和管理类提问分别有27个、12个、3个,在全班提问中的占比分别为64.29%、28.57%、7.14%。低认知水平、高认知水平和管理类提问的总和分别为75个、32个、16个,占比分别为60%、25.6%、12.8%。由此,可以得到如下结论:教师提问以低认知水平的问题为主;对个别学生和对全班的提问也均以低认知水平的问题为主;面向个别学生的高认知水平提问多于全班学生。

综合分析表7-7、表7-8和表7-9发现,在低认知水平问题中,回忆型(23个)、理解型(21个)、运用型(31个)问题的分布相对平均;高认知水平的问题以分析型(27个)为主,综合型问题(4个)较少,而评价型问题(1个)几乎没有;管理类提问主要面向个别学生(13个),显示出班级整体秩序较为良好。从单个问题平均话语量的角度来看,高认知水平问题略高于低认知水平问题,而对全班提问时的话语量则明显高于对个别学生提问时的话语量。

二、教师提问过程中的伴生教学行为

研究Lexicon-法这节课上在教师提问过程中的其他教学行为,结果汇总如图7-5所示。

从图7-5中可以看出,教师提问过程中最主要的教学行为是学生的积极听讲。在125个教师提问中,A水平的学生听讲达113次,表明在绝大多数情况下,学生能够积极卷入。同时,学生做题行为也发生较多,主要表现在教师对个别学生的提问过程中。由于教师对个别学生的提问也是教师个别辅导的实现途径之

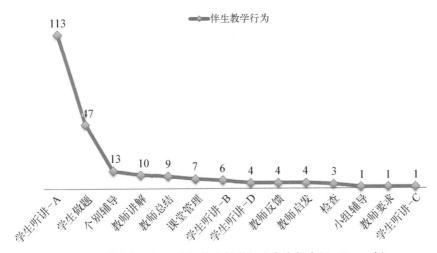

图 7 - 5 教师提问过程中的伴生教学行为发生频次（Lexicon - 法）

一,因而个别辅导发生的频次也较高,位居第三。此外,其他高频伴生教学行为主要是教师讲解和教师总结,但相比于学生的高水平听讲和学生做题,其发生频次仍微乎其微。

类似地,将教师所提问题分为低认知水平问题、高认知水平问题和管理类问题,分别考虑这三种问题水平下的伴生教学行为,结果如图 7 - 6 所示(不考虑教师的自问自答)。观察图 7 - 6 可知,在三种水平的教师提问过程中,学生高水平听讲依然是主要的伴生教学行为。

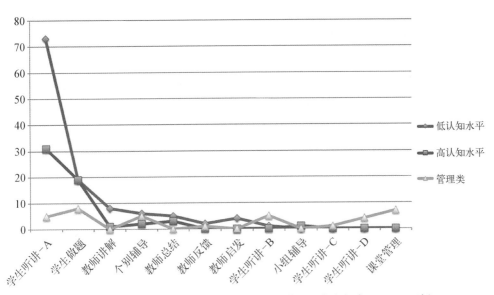

图 7 - 6 不同水平教师提问过程中的伴生教学行为发生频次（Lexicon - 法）

三、基于教师提问的师生互动结构

同样地,基于教师提问的师生互动着眼于探究互动模式 2(学生提问—教师回答)、互动模式 3(教师讲解—学生听讲)、互动模式 4(学生做题—教师辅导)以及互动模式 5(课堂管理)在课堂上的呈现方式与实现形式。

上文已说明,在教师提问过程中出现的师生互动结构主要是互动模式 3(教师讲解 10 次,学生听讲 124 次)和互动模式 4(学生做题 47 次,教师辅导 14 次),其次还有互动模式 5(课堂管理 7 次),并未出现互动模式 2。对互动模式作分析,结果如表 7 - 10 所示。

表 7 - 10　教师提问中基于问题水平的师生互动结构(Lexicon - 法)

有教师提问的课堂(14.19%)	低认知水平的问题:8.53%(23)			高认知水平的问题:4.55%(7)		
	3	4	5	3	4	5
	17	6	0	4	3	0
	管理类问题:1.11%(12)					
	3	4	5			
	0	5	7			

无教师提问的课堂(85.81%)

表 7 - 10 展示了低认知水平问题、高认知水平问题以及管理类问题在师生互动模式中的分布及各种互动模式的发生频次。由表可知,互动模式 3 并未出现在管理类问题中;互动模式 4 在三类问题中均有所体现;互动模式 5 仅存于管理类问题中。其中,教师辅导是教师提问过程中师生之间展开互动的主要方式,包括 13 次个别辅导和 1 次小组辅导。

第四节　聚焦文献和访谈

国内对于法国教育的评价诸多,另有数篇文献对法国教育的多个方面作了系统梳理与介绍。本研究关注的是学生听讲、学生做题、教师提问以及师生互动在法国中学数学课堂上的实现方式,因而质性的文本分析主要从两个角度展开:一是解读与法国课堂教学实践相关的文献；二是从有关法国教育政策的文献及研究中演绎出与上述几个教学行为相关的内容。

一、学生听讲

学生听讲在法国课堂上占据重要位置，然而暂未出现针对法国课堂上学生听讲的专门研究。

二、学生做题

法国于 2005 年颁布的《共同基础法令》提出，学生需要拥有独立自主和主动进取的精神[1]。数学课堂中的学生做题、亲身实践与这一独立自主精神的要求相契合，Lexicon-法的录像课也显示，学生做题约占课堂总时长的一半，是这节课上主导的学生行为。有研究者在对英国、法国和德国的课堂教学进行比较时发现，法国教师倾向于花更多的时间和精力选择"合适"的课堂练习题[2]，体现了法国中学数学课堂对学生做题的重视。

法国教材在编排上也充分体现出鼓励学生在课堂内外自主做题的特征，其编排设置如下：问题引入—准备活动（activity）—定义、定理、命题等（method）—例题和习题—课后活动[3]。其中，习题设置是重要的一环，且习题内容往往联系生活实际，能激起学生兴趣。如图 7-7 所示，是 Lexicon-法课堂上的学生练习题实例，主要通过计算家庭收支来练习有理数的混合运算，具有较强的实用主义色彩，且涉及的情境也是学生所熟悉的，更能唤起他们的认同感。

法国教育中的"动手做"（或称为"做中学"）起自于科学教育，进而逐渐演变成适用于各学科学生实践的重要教育信条与方法。"合同教学法"是一度流行于法国教育学界的一种个性化教学方法，其实质是"因材施教"。在法国中学数学课堂上，

〔1〕　吕一民，钱虹，汪少卿，应远马.法国教育战略研究［M］.杭州：浙江教育出版社，2014.

〔2〕　PEPIN B，MOON B. Curriculum，cultural traditions and pedagogy：understanding the work of teachers in England，France and Germany［C］. American Educational Research Association Conference，1999：1-20.

〔3〕　张玉环，吴立宝，曹一鸣.法国初中数学教材特点剖析及启示［J］.数学教育学报，2016，25（6）：32-37.

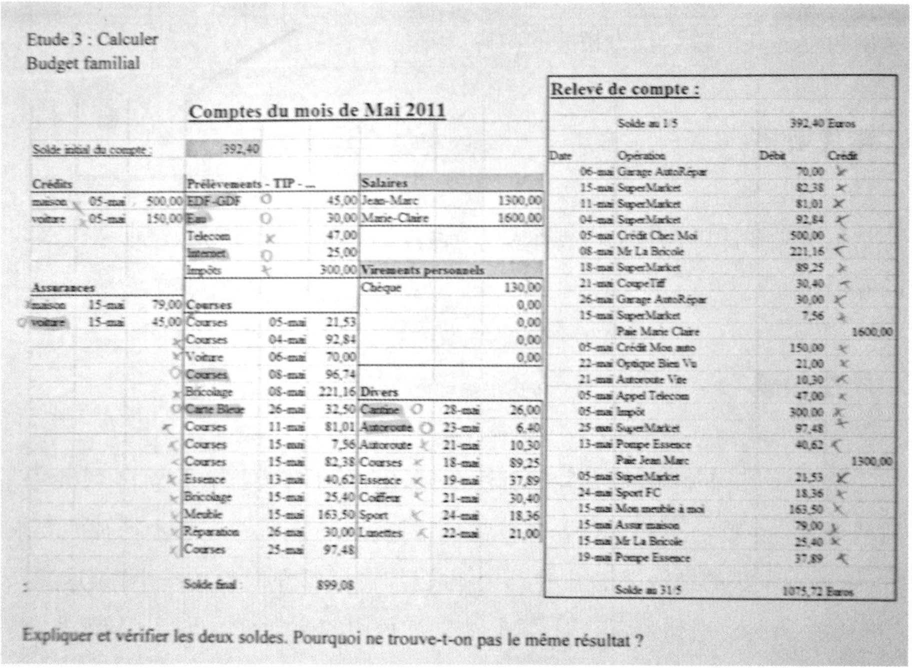

Etude 3 : Calculer
Budget familial

Comptes du mois de Mai 2011

Solde initial du compte : 392,40

Crédits		
maison	05-mai	500,00
voiture	05-mai	150,00

Assurances		
maison	15-mai	79,00
voiture	15-mai	45,00

Prélèvements - TIP - ...	
EDF-GDF	45,00
Eau	30,00
Telecom	47,00
Internet	25,00
Impôts	300,00

Courses		
Courses	05-mai	21,53
Courses	04-mai	92,84
Voiture	06-mai	70,00
Courses	08-mai	96,74
Bricolage	08-mai	221,16
Carte Bleue	26-mai	32,50
Courses	11-mai	81,01
Courses	15-mai	7,56
Courses	15-mai	82,38
Essence	13-mai	40,62
Bricolage	15-mai	25,40
Meuble	15-mai	163,50
Réparation	26-mai	30,00
Courses	25-mai	97,48

Salaires	
Jean-Marc	1300,00
Marie-Claire	1600,00

Virements personnels	
Chèque	130,00
	0,00
	0,00
	0,00
	0,00

Divers		
Cantine	28-mai	26,00
Autoroute	23-mai	6,40
Autoroute	21-mai	10,30
Courses	18-mai	89,25
Essence	19-mai	37,89
Coiffeur	21-mai	30,40
Sport	24-mai	18,36
Lunettes	22-mai	21,00

Solde final : 899,08

Relevé de compte :

Solde au 1/5 392,40 Euros

Date	Opération	Débit	Crédit
06-mai	Garage AutoRépar	70,00	
15-mai	SuperMarket	82,38	
11-mai	SuperMarket	81,01	
04-mai	SuperMarket	92,84	
05-mai	Crédit Chez Moi	500,00	
08-mai	Mr La Bricole	221,16	
18-mai	SuperMarket	89,25	
21-mai	CoupeTiff	30,40	
26-mai	Garage AutoRépar	30,00	
15-mai	SuperMarket	7,56	
	Paie Marie Claire		1600,00
05-mai	Crédit Mon auto	150,00	
22-mai	Optique Bien Vu	21,00	
21-mai	Autoroute Vite	10,30	
05-mai	Appel Telecom	47,00	
05-mai	Impôt	300,00	
25-mai	SuperMarket	97,48	
13-mai	Pompe Essence	40,62	
	Paie Jean Marc		1300,00
05-mai	SuperMarket	21,53	
24-mai	Sport FC	18,36	
15-mai	Mon meuble à moi	163,50	
15-mai	Assur maison	79,00	
15-mai	Mr La Bricole	25,40	
19-mai	Pompe Essence	37,89	

Solde au 31/5 1075,72 Euros

Expliquer et vérifier les deux soldes. Pourquoi ne trouve-t-on pas le même résultat ?

图 7－7　学生做题实例

通过给予学生大量的时间进行解题以鼓励并保障学生动手做和亲身实践；通过实施“合同教学法”来实现学生的个性化解题和问题解决。

三、教师提问

视频分析及文献解读均显示：教师提问是法国教师常用的教学方法之一[1]。本研究的 Lexicon－法中，约三分之二的教师提问指向个别学生，体现出较强的针对性。实际上，这充分契合法国中小学教师专业能力标准，即要求教师了解学生的多样性，“能够认识到学生不同的学习节奏，从学生的需要出发，使教学方法符合学生的多样性”[2]。就课堂上的教师提问而言，则表现为教师响应具体学生的具体需求，从而进行有针对性的提问，以充分尊重学生的多样性和差异性。教师提出问题，但从不限制学生按照教师的思路回答[3]，教师提问与其说是为了得到答案，

〔1〕霍益萍．法国教育督导制度[M]．北京：人民教育出版社，2000．

〔2〕胡森．21 世纪法国中小学教师专业能力标准探析[J]．比较教育研究，2011，33(8)：40－44，59．

〔3〕赖新元．法国中小学教育特色与借鉴[M]．北京：中国戏剧出版社，2009．

不如说是为了促进学生的思考。

随着研究性学习的推行,如法国实施的 TPE 课程(Travavx personnels encadre's,简称 TPE,有指导的学生个人实践)、IDD 课程(Itineraires de decouverte,简称 IDD,发现之路)、"做中学"等,课程实施正在不断打破传统的教学方法,即基于问题的"问题法"(problematique)。但是,这并不表示教师提问有所减少,而是表明教师提问的方式正在逐渐改变,将契合具体学生的具体需求,表现出更强的针对性。同时,上述课程的实施更加强调学生之间的合作,因而教师提问也会表现出向小组学生倾斜的趋势。

四、师生互动

(一) 互动模式 1:教师提问—学生回答

从录像分析的结果显示,互动模式 1 占据重要位置。陈元描述了法国课堂中教师提问的常见场景:教师提出问题后,学生往往能够积极回答[1]。有时,教师会让学生自行展开辩论,让他们经过充分的思考和讨论后,对提出的问题进行解答,而教师则在一旁"观战",一会儿表现出惊呼状,一会儿捧腹大笑,教师教得灵活,学生学得主动。此外,教师提问时的语气亲和而不强势,常用"你的意见是什么"这样的口吻来提问,而不是诸如"你来回答"的方式[2]。这是法国摒弃从前的"以教学大纲为主体""以教师为主体"和"以教材为中心",代之以"以学生为主体"[3]的表现。

(二) 互动模式 2:学生提问—教师回答

学习的方式不应是被动地记忆、理解教师传授的知识,而是应敏锐地发现问题,主动提出问题,积极寻求解决问题的方法,是一个探求结论的自主学习过程。法国课堂教学中,教师鼓励学生提出问题,并以此作为教学的资源。课堂中,关键是创造提出问题的环境,让学生意识到他们能提问、可以提问且有权利提问[4],表明互动模式 2 在法国课堂中是受欢迎的师生互动模式。

法国"动手做"教育理念中提出了十项准则,其中一项为"对于学生提出的问

[1][3]　陈元.法国基础教育[M].广州:广东教育出版社,2004.
[2][4]　赖新元.法国中小学教育特色与借鉴[M].北京:中国戏剧出版社,2009.

题,教师并不是直接给出答案,甚至设计好实验让学生去操作、验证教师给出的结论,而是一定要让学生自己去探究"[1]。该准则描绘了"动手做"要求下互动模式2的实现形式,即教师对于学生的提问并不是直接给予答案,而是更加倾向于启发学生自己去探究并找寻答案,教师的角色不是直接回答,而是作为引领者,带领学生自行发现答案。甚至,法国教师在回答学生提出的问题时会常常向他提出另外一个问题,以问题答问题,促使学生自己思考[2]。这是互动模式2的演变及其与互动模式1有机结合的表现,不仅体现出教师的教育智慧,还体现出师生问答互动模式对问题解决乃至培养学生自主学习能力的重要性。

(三)互动模式3:教师讲解—学生听讲

除了师生之间的问答,法国课堂上也有相当比重的教师讲解。互动模式3的主体行为即在于教师的讲解。有研究表示,在法国课堂上,教师讲授新知大约只占课堂总时长的三分之一[3],更多的则是进行启发式的讲解,鼓励学生积极思考、踊跃回答问题并发表自己不同的见解,给了他们充分参与教学活动的自由[4]。

(四)互动模式4:学生做题—教师辅导

法国的TPE课程和IDD课程均充分体现了师生互动的思想。一方面,给予学生自由,满足学生自主研究的要求;另一方面,要对学生提出要求和规范,以免他们迷失方向。教师需要在学生还不具备研究能力的情况下,给予他们规范,指导他们研究[5]。由于TPE课程和IDD课程并不局限于课堂教学这一情境,使得在一定程度上有别于课堂教学实践,但是它们通过强调作为学习主体的每个学生的自主性,折射出法国课堂教学实践中师生互动的表征:互动模式4在课堂中占据重要地位,学生在没有压力、按个人兴趣以及在教师的指导下进行有目的的学习[6]。同时,法国的课堂强调尊重学生的主体地位,相当一部分的课堂时间用于学生或自

〔1〕 尹后庆.我所看到的法国"做中学"科学教育活动[J].上海教育科研,2002(3):4-9.

〔2〕 杨敏.法国高中实践活动课程的经验与启示[J].教学与管理,2006(19):78-80.

〔3〕〔6〕 赖新元.法国中小学教育特色与借鉴[M].北京:中国戏剧出版社,2009.

〔4〕 陈元.法国基础教育[M].广州:广东教育出版社,2004.

〔5〕 周振平.如何有序开展研究性学习课程——来自法国TPE课程的经验[J].基础教育研究,2004(1/2):29-32.

主或以小组合作的方式进行解题，因而必然伴随着持续性的教师辅导，以促进学生解题。

个别辅导和小组辅导最能体现法国个性化教学的特征，因而互动模式 4 必然成为倡导个性化教学、主张学生个体实践的法国中学数学课堂中的主要师生互动模式之一。法国课程标准要求教师要留足时间，以保证能有机会观察和辅导每位学生，并在学生遇到困难时伸出援手。同时，辅导期间也时刻注意培养学生自主学习的精神与能力。

此外，强调"共同基础"的法国希望保障所有的学生都能在学年末达到同等的或者至少是最低的数学学业水平[1]，这一要求使得教师需要对个别学生，尤其是学习困难的学生进行针对性辅导。

（五）互动模式 5：课堂管理

法国中学教师专业能力标准中指出，教师在课堂上需要担负的责任包括教师有责任在班级里创建有利于所有学生成功的条件[2]，这一要求可以解读为教师有义务维持一个有利于所有人发展的学习环境，即互动模式 5 是沟通教师与学生的重要桥梁。

五、对阿蒂格教授的访谈

访谈中，阿蒂格教授倾向于介绍法国的课程改革，对于本研究中的几个 CPB 的解读偏向中观层面，而非落实到课堂实践中作具体说明。她如此解释："课堂是一个综合的、变化的环境，因而我难以非常肯定地说明法国课堂上的这几个教学行为一定是如何呈现的，但是我会向你说明我的相关研究结论或阐述我的个人理解。此外，我还可以向你展示一些政策性文件，你可以从中总结出一定的模式。"对阿蒂格教授的访谈及她所提供的政策性文件作分析，得出如下关于法国课堂中 CPB 的结论。

---

[1] PEPIN B, MOON B. Curriculum, cultural traditions and pedagogy: understanding the work of teachers in England, France and Germany[C]. American Educational Research Association Conference, 1999：1-20.

[2] 汪凌.法国中小学教师专业能力标准述评[J].全球教育展望，2006，35(2)：18-22.

(一) 关于学生听讲

阿蒂格教授表示,法国中学数学课堂上的学生参与处于积极、活泼的状态,学生在课堂上的表达和行为呈现出他们对问题有所思考,因而可以肯定,学生听讲在多数时候都是认真、积极的。但是,这不同于中国课堂上的学生听讲,因为在法国课堂上,学生有更多自主、自由活动的时间,所以教师的许多发声可能是面向小组或个别学生的。这种情况下,班级中其他学生的行为是难以调控的。然而,如果学生本身是有任务的(on task),则可以认为即使法国课堂呈现出不同于中国课堂的秩序和氛围,学生也还是在认真学习。

(二) 关于学生做题

阿蒂格教授出示了法国教育部门于 2016 年发布的学生习题手册,该手册是法国教育部门推行的项目学习的一个示范,从中可得法国中学数学课堂中学生做题的内容和形式,图 7‐8 是其中的一个示例。

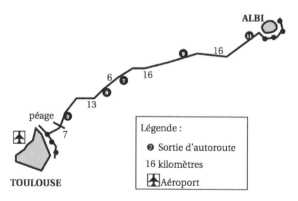

EXERCICE 1　　　　　　**3 POINTS**

Mélanie est une étudiante toulousaine qui vit en colocation dans un appartement.
Ses parents habitent à Albi et elle retourne chez eux les week-ends.
Elle rentre à Toulouse le dimanche soir.
Sur sa route, elle passe prendre ses 2 colocataires à la sortie n° 3, dernière sortie avant le péage.
Elle suit la route indiquée par l'application GPS de son téléphone portable, dont l'affichage est reproduit ci-après.

Légende :
❷ Sortie d'autoroute
16 kilomètres
✈ Aéroport

Elle est partie à 16 h 20 et entre sur l'autoroute au niveau de la sortie n° 11 à 16 h 33.
Le rendez-vous est à 17 h.
Sachant qu'il lui faut 3 minutes pour aller de la sortie n° 3 au lieu de rendez-vous, à quelle vitesse moyenne doit-elle rouler sur l'autoroute pour arriver à l'heure exacte ?
Vous donnerez votre réponse en km/h.
Toute recherche même incomplète, sera valorisée dans la notation.

图 7‐8　习题示例

这是一道关于时间、路程和路线的应用题,具有丰富且详细的情境,高度贴合生活实际,这一特征也能从 Lexicon -法学生所做的题目中看到。

阿蒂格教授表示,法国课堂具有重视数学解题的传统,因而学生做题是一个重要的教学行为,而类似图7-8所示的数学题是学生在课堂上需要解决的问题的主要形式,且通常以学生小组做题的形式展开,因为在法国中学数学课堂上较多推行学生之间的合作学习。

（三）关于教师提问

教师提问在世界范围内的数学课堂上可能都是高频的、主要的教学行为。采取提问这一方式,教师可以检验学生的学习情况,或启发学生自行思考以获取答案,这也是法国中学数学课堂上的特征之一。

教师也会提出需要学生直接记忆的问题以及直接可以获取答案的简单问题,但是更倾向于提出高水平的、能够启发学生思考或促使学生分析的问题。由于受到上课组织形式的影响,因此教师提问的对象是不固定的。不过阿蒂格教授也表示,根据她对中法两国中学数学课堂的了解,与中国课堂相比,法国课堂上的提问更具针对性,即提问对象和范围更聚焦。这一观点与本研究在分析中法数学课堂时所得出的结论一致。

（四）关于师生互动

法国课堂上的互动非常活跃、积极,教师和学生都倾向于以生动的形式进行课程知识的学习,这与法国教育和课程理念中不断强调学生的主体性不可分割。

法国课堂注重教师讲解,注重教师在学生做题过程中的点拨和辅导。加之阿蒂格教授对学生做题和教师提问的详尽解析,据此可以判断,前文所说的互动模式,尤其是互动模式4是法国中学数学课堂上师生互动的主要方式。

活泼的课堂教学氛围使得教师需及时对学生的行为进行调控,因而课堂管理也是必需的。阿蒂格教授表示,相对于法国课堂而言,中国课堂应当是完全不需要教师对秩序进行调控的。实际上,这一判断从本研究的视频分析中可加以佐证,足见她对两国课堂的熟悉度且见解精准。

访谈过程中,阿蒂格教授不断对中法两国课堂进行比较,诸多论点均与本研究的结论类似或一致。从而,对于本研究所获结论的可靠性和阿蒂格教授访谈结果的信度与效度,两者之间可以实现相互论证,既表明本研究获取的结论与质性分析结果(访谈)有高度的重合性,也说明了访谈所获结论的真实、可靠,可用于对录像

分析结论作进一步的补充和完善。

第五节　本章小结

　　本章主要采取录像分析法、文献分析法和访谈法。通过对 Lexicon - 法录像课的分析,对国内外已有的关于法国教育、课堂的研究文献的解读,以及对阿蒂格教授的访谈,勾勒出法国中学数学课堂上几个师与生、教与学行为的概貌,尤其聚焦学生听讲、学生做题、教师提问以及师生互动这四个教学行为。

　　录像分析显示,基于中国获得的 CPB(学生听讲、学生做题、教师提问、师生互动)在法国课堂中也是高频发生或占据课堂时间较长的几个重要教学行为,因而将其作为法国课堂上的 CPB 作进一步探寻,在逻辑上是合理的,在方法上是可靠的。

一、学生听讲

　　在 Lexicon - 法这节课上,师生之间的问答在学生听讲过程中频发。由于学生听讲约占课堂总时长的 90%,因而学生听讲中的教学行为表征基本代表了这节课的整体态势。

　　录像显示,高水平的学生听讲约占课堂总时长的 85%;低水平的学生听讲主要发生在课始和结束阶段,这两个阶段的班级秩序相对混乱,需要教师进行秩序维持。学生听讲过程中主要伴随着教师反馈、教师辅导和教师讲解,体现出教师作为辅导者和引领者的角色。

　　师生间的互动形式多样,虽然以问答式为主(互动模式 1 和互动模式 2 约占所有互动模式的一半),但是这一结果明显低于其他几个国家课堂上的师生问答式互动占比。在法国课堂上,师生间的互动模式相对均衡,互动模式 3～互动模式 5 均占据一定比重,不容忽视。形式多样的师生互动呈现出活泼生动的课堂态势,既有学生的主动学习,也有教师的及时辅导;而其课堂秩序上的优势仍有可圈可点之处。

　　法国课堂鼓励学生主动参与学习,随时表达自己的想法和思路,而并非必须保持形式上的认真听讲,学生对课堂的反应和对教师发声的反馈能侧面反映出他们的听讲卷入程度。对阿蒂格教授的访谈显示,不能以形式上的学生高水平听讲代替实质上的学生听讲水平,而要根据学生的行为、思考等方面对学生的听讲水平加以评判。她还表示,实际上,法国课堂上的学生听讲在多数时候都处于高水平状态,这一判断也契合本研究的分析结果。

二、学生做题

重视学生做题是重视数学教学的法国课堂传统之一,因为法国课堂鼓励教师给学生更多的时间和自主性,而课堂中的自主做题是实现学生自主性的重要方式。

Lexicon -法中,约一半的时间学生处于自主做题中,所做的是书本上的练习题,题目表现出基于生活情境的特征,且以学生独立解题为主。过程中,教师不断对学生进行辅导,且辅导均不是由教师发起的,而是由学生经过自主思考后仍无法解决问题,转而主动向教师提问。

教师反馈、学生听讲尤其是高水平的听讲、教师讲解、教师提问是学生做题过程中的主要伴生教学行为,整个课堂表现为学生做题行为主导下师生基于问题解决的紧密互动态势。

文献和访谈显示,法国课堂上学生合作解题是主要的学习方式,教学主张学生在课堂上主动发挥其自主性,以独立或合作的方式进行解题,而不是一味地听从教师的讲解。课堂上,教师会给学生更多做题的机会,自己则扮演辅导者的角色。

加之文献分析和访谈分析的补充,表明法国课堂上的学生做题强调个体或者小团体的独立性。法国课堂与澳大利亚、芬兰课堂上的学生做题具有趋同性,而迥异于中国课堂中的集体做题方式。从这一点来看,前文提及的"由于中法两国在文化上最为相近,因而作为主要文化表达方式的教育和课堂教学可能呈现出高度的一致性"这一研究假设在学生做题表征方面被证伪。

三、教师提问

录像分析显示,教师提问—学生回答这种互动模式是师生之间进行沟通与互动的主要方式。教师提问以对个别学生的提问为主,折射出法国课堂强调学生自主性的特征。教师提问侧重具体题目的解决,以低认知水平的提问为主,但是高认知水平的提问也占据一定的比例。教师提问过程中,教师与学生个体的互动是主要类型,与全班的互动也较为频繁,而与小组的互动不是这节课的主要互动形式。

但是,文献研究显示,法国课堂尊重学生主体性的发挥,一方面表现在给学生更多独立学习的机会,另一方面表现在鼓励学生以合作的形式开展学习。由此可知,法国课堂上的教师提问主要面向个别学生和小组学生,呈现出教师与学生个

体、与小组互动频繁的特征。由于教师提问需要体现出尊重不同学生学习节奏的要求,体现出对个体差异性的尊重,因而教师提问以针对性更强的个别提问为主。

从话语量上看,教师面向个别学生的提问较为简洁、凝练、针对性强,而面向全班学生的提问则倾向于以详尽的表述呈现问题,后者的话语量约是前者的 2 倍。同时,相对于低认知水平问题,教师对高认知水平问题的表述更为详尽、具体,或者说更为复杂,需要更多的话语来表述。

学生听讲、学生做题、个别辅导和教师讲解等都是教师提问过程中高频发生的教学行为,体现出师生之间的紧密互动。其中,互动模式 3 和互动模式 4 是学生做题过程中的主要互动模式。

但是,由于基于提问的"问题法"教学在新的课程模式下不断被弱化,因此教师提问的方式也必然会发生改变。可以预见,法国中学数学课堂上的教师提问将越来越表现出更强的针对性和指向性,将更为针对个别学生和小组的学习需求,更加指向在研究性学习过程中对学生疑问的解答。

四、师生互动

以学生为主体是法国课堂教学的要求之一,因而师生之间的互动体现出基于学生需求的双边互动。例如,互动模式 4(学生做题—教师辅导)在学生做题过程中频发,体现出基于问题解决的师生互动。法国课堂上的各种互动模式相对更为均衡,问答式的主导地位相对其他国家的课堂而言并不明显。

对于问答式互动,法国教师通过提出大量问题来启发学生,提问目的倾向于促使学生思考,而非获取答案。学生也有大量的提问机会,但教师一般不会直接给出答案,而更倾向于引领学生自主思考,甚至变回答为提问,促使学生自行探究答案。

在关注做题和强调学生自主的传统之下,教师的辅导成为沟通师生的重要媒介。课堂管理亦存在于法国课堂之中,尤其是在课堂首尾阶段,主要是对课堂秩序的调控,以便创设出有利于所有学生学习和成功的课堂环境,而这也是法国课堂上对教师的一个硬性要求。在这一点上,中国区别于其他几个国家,教师几乎无需进行课堂管理和秩序维持。

整体来看,法国中学数学课堂中的师生互动以教师与学生个体和教师与小组的互动为主,五种互动模式均存在。其间,学生的主体性得以体现,反映了教师对学生的尊重。同时,教师的角色更为倾向于辅导者和引领者,体现出师生之间的互动主要基于学生的需求这一特征。

第八章 / 芬兰课堂 CPB 表征

芬兰教育持续引起国际社会的广泛关注，国内外都掀起了一股"芬兰热"。然而，其中有解读，也有误读。尤其是芬兰于 2014 年 12 月颁布的《国家基础教育核心课程 2014》，自 2016 年 8 月在基础教育阶段各年级全面实施以来，其中最受关注和热议的当属"现象教学"（phenomenon-based method）的课程改革主张[1]。

本研究试图结合一节芬兰中学数学课，国内外已有的关于芬兰教育、芬兰课堂的研究文献以及对马尔库·汉努拉教授的访谈，呈现芬兰中学数学课堂上师生教与学的行为概貌，尤其聚焦学生听讲、学生做题、教师提问、师生互动这四个教学行为，并将其与中国课堂的 CPB 进行比较。

本章选取了 Lexicon 项目中的一节芬兰八年级数学课作为研究对象，内容是"解一元一次方程"，课堂总时长为 1 小时 15 分 50 秒。笔者基于对汉努拉教授所进行的深入访谈，以期获得关于这节课的典型性。汉努拉教授是国际知名的数学教育研究专家、Lexicon 项目芬兰负责人，同时也是 Lexicon - 芬这节课的录制者和挑选者。对于这节课的典型性，他的回答和阿蒂格教授对 Lexicon - 法的解读一样，表示只由一节课或几节课难以代表该名教师或这几名教师的数学课堂教学特色，从而更加不可能呈现出整个国家的课堂概貌。但是，Lexicon - 芬这节课所呈现的就是一般芬兰中学课堂中的组织状况、师生活动等，具有很好的典型性，是一节不突兀、不奇异的芬兰八年级数学课，类似于绝大多数的芬兰课堂。并且，汉努拉教授从教师教育专业性的视角出发，表明这是一节优秀教师所呈现出的优质课。因而，研究认为该课能够呈现出芬兰课堂的一般概貌。并且，基于这节课而

---

〔1〕 于国文，曹一鸣.芬兰现象教学的理念架构及实践路径［J］.外国教育研究，2020,47(10)：117-128.

对芬兰课堂上的教学行为进行解读,并借助文献加以丰富和补充的研究方法是可靠的。

图 8-1 和图 8-2 分别从两个角度展示了这节课的座位安排,全班共 26 人。座位布局上类似于中国课堂,但是学生所坐位置更为自主、机动。课堂上有两名教师,一名主要负责上课,另一名则作为课堂的管理教师,负责处理课堂上的突发状况。

图 8-1　Lexicon-芬教师机位

图 8-2　Lexicon-芬全班机位

本章主要聚焦中国中学数学课堂中的几个 CPB 在 Lexicon-芬这节课上的表征,分别从以下三个角度展开分析:学生听讲的表征及其过程中的师生互动;学生做题的表征及其过程中的师生互动;教师提问的表征及其过程中的师生互动。

本章采取的主要研究方法是录像分析法、文献分析法和访谈法。首先根据 Lexicon-芬这节课初步呈现芬兰中学数学课堂上几个教学行为的表征,再结合文献和对汉努拉教授的访谈进行内容分析,借以补充芬兰课堂上的特征,最终形成研究结论。

第一节　学生听讲的表征

一、学生听讲的卷入程度

参照前文的编码表,借助 NVivo 对 Lexicon-芬中的学生听讲行为从听讲主体、持续时间、学生的伴生教学行为以及听讲的卷入程度等方面进行编码。依据学生听讲主体以及课堂教学内容的变换,将学生听讲行为划分为 26 个听讲片段,具体情况如表 8-1 所示。

表 8-1 学生听讲片段分析(Lexicon-芬)

片段编号	卷入程度	听讲主体	持续时间(s)	伴生教学行为				
				无	做题	记笔记	提问	思考
1	C	全班	154				✓	
2	B	全班	61	✓				
3	D	全班	108	✓				
4	B	全班	304	✓				
5	A	全班	509		✓		✓	✓
6	A	全班	190		✓		✓	✓
7	A	全班	118		✓			
8	A	个别	43		✓		✓	
9	A	全班	171		✓		✓	✓
10	A	全班	229		✓			
11	A	全班	264		✓		✓	✓
12	A	全班	111				✓	✓
13	C	全班	164		✓		✓	
14	A	个别	53		✓		✓	✓
15	A	个别	221		✓	✓	✓	✓
16	A	个别	167		✓		✓	✓
17	A	个别	156		✓		✓	✓
18	A	个别	251		✓		✓	✓
19	A	个别	82		✓			
20	A	小组	100		✓		✓	
21	A	小组	126		✓		✓	✓
22	A	个别	84		✓		✓	✓
23	A	个别	105		✓		✓	✓
24	A	个别	35		✓			
25	A	个别	167		✓			
26	B	全班	117				✓	

汇总表 8-1 中的内容,得到表 8-2 的结果。

表8-2　四种水平的学生听讲行为分布(Lexicon-芬)

卷入程度	持续时时(s)	课堂占比(%)	听讲主体	伴生教学行为
A	3 182	70.63(20)	全班(7)、小组(2)、个别(11)	做题(19)、提问(18)、记笔记(1)、思考(20)
B	482	10.7(3)	全班(3)	提问(1)、无(2)
C	318	7.06(2)	全班(2)	做题(1)、提问(2)
D	108	2.4(1)	全班(1)	无(1)

注：本课时长 4 505 s,表中的占比是相对课堂总时间而言的。如果相对学生听讲时间而言,则该占比分别为 77.80%、11.78%、7.78%、2.64%。

从表 8-1 和表 8-2 中可以发现,整个课堂约 80% 的时间学生处于积极听讲状态(达到 A 水平或者 B 水平)。低水平的学生听讲主要发生在课堂开始阶段,且在教师面向全班发声的情形中。从课堂录像中可以看出,课堂开始阶段的班级秩序混乱,学生走动自由。并且,教师课始进行了点名,这一过程不涉及具体的知识教学,学生卷入水平较低,出现了不遵守班级纪律、随意讲话等行为,也出现了教师对课堂秩序的多次调控和对学生不当行为的反复提醒。由此表明,课堂秩序直接影响学生听讲的卷入程度,当班级秩序混乱而需要教师进行课堂管理时,难以保证全班学生的听讲质量。

课堂上,教师进行了多次对个别学生以及小组的辅导,辅导过程中,学生在保持高度卷入状态的同时,能够结合教师的讲解和辅导进行思考、做题,听讲的卷入水平较高。

二、学生听讲过程中的伴生教学行为

如图 8-3 所示,学生听讲过程中主要发生的教学行为依次是教师提问、学生回答、学生反馈、教师反馈、学生提问等,这些行为本身已充分表明了学生听讲过程中的师生互动较频繁。作为中国课堂教学中的 CPB,教师提问在芬兰课堂上也是高频发生的教学行为。学生做题在这节课上持续发生了 32 分 55 秒,占课堂总时长的 43.84%,表明芬兰课堂上学生做题也是主要的学生行为,这一结果说明基于中国课堂教学探寻出的 CPB 与芬兰课堂中的主要教学行为存在一定的一致性。

学生听讲过程中发生了多次课堂管理,表明这节课中教师多次对学生的行为进行规范。可以看出,芬兰课堂在体现活泼生动的同时,学生学习的态度、状态也不时地需要教师进行调节。下面是教师进行课堂管理的一段实录。

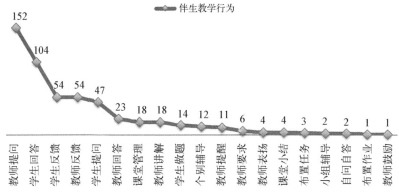

图 8-3 学生听讲过程中的伴生教学行为发生频次(Lexicon-芬)

课堂管理实录(来自 Lexicon-芬):

师:休莫特,你到底在干什么?

休莫特:我在擦纸上的字。

师:不要擦了。

休莫特:但是这张纸写得太满了,而我在纸上画了一个很好看的东西。(继续擦)

师:休莫特,不要再擦了。

实录显示,学生偏离了正常的教学节奏,教师在课堂讲解过程中停止讲解以对该生的不当行为进行管理。

伴生教学行为的发生在不同听讲水平之下呈现不同形态。综合分析各伴生教学行为在不同学生听讲水平中的分配,得到 A 水平和 B 水平的学生听讲占主导,学生多数时候能够达到高水平听讲,但低水平的学生听讲也频发。

三、基于学生听讲的师生互动结构

根据前文对师生互动的模式建构,对 Lexicon-芬这堂课上各学生听讲水平之下的师生互动模式进行分析和汇总,结果如表 8-3 所示。

表 8-3 基于学生听讲的师生互动结构(Lexicon-芬)

有学生听讲的课堂(90.79%)	A:70.63%(227)					B:10.7%(4)				
	1	2	3	4	5	1	2	3	4	5
	142	42	18	14	11	1	1	0	0	2

续　表

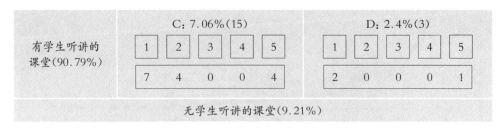

有学生听讲的课堂(90.79%)	C：7.06%(15)					D：2.4%(3)				
	1	2	3	4	5	1	2	3	4	5
	7	4	0	0	4	2	0	0	0	1
无学生听讲的课堂(9.21%)										

由表8-3可知,在高水平听讲的 A 水平和 B 水平之间存在显著差异,表现为在 A 水平听讲中出现了各种师生互动模式,而在 B 水平听讲中存在互动模式的缺失,且占比差异明显。A 水平听讲以师生问答为主要的互动实现形式;B 水平听讲中,师生问答占一半,课堂管理占一半。作为高、低水平学生听讲过渡状态的 B 水平和 C 水平也存在一定的共性,具体表现在均只出现了互动模式1、互动模式2和互动模式5。

在 A～D 四种水平的学生听讲中,互动模式1~互动模式5发生的次数依次为152次、47次、18次、14次、18次,表明互动模式1是这节课中最主要的师生互动类型,互动模式1和互动模式2所构成的问答式模式约占学生听讲过程中所有互动模式的80%,是沟通教师和学生的最主要桥梁。并且,也出现了一定数量的互动模式3和互动模式4,表明师生之间存在基于问题解决的互动。特别地,互动模式5占比不低,与互动模式3持平,且高于互动模式4,表明这节课的秩序欠佳,需要教师的多次管理。

第二节　学生做题的表征

本节研究学生做题在 Lexicon-芬中的表现形式。这节课上,学生所做的都是练习题,采取的方式主要为独立做题,偶尔出现同伴间的讨论,没有出现学生板演的情况。

一、学生做题的呈现方式

结合 CPB 编码表刻画学生做题行为,由此呈现出 Lexicon-芬课堂上学生做题行为的表征,如表8-4所示。

表 8-4　学生做题的呈现方式和持续时间(Lexicon-芬)

片段	持续时间(s)	课堂占比(%)	做什么	怎么做	场　域
1	1 975	43.84	练习题	独立	座位上

从录像中可以获知,本节课上,在教师完成全班性的讲解之后就让学生独立完成练习题,持续时间约占课堂总时长的一半,表明学生做题是芬兰数学课堂上的重要特征之一(下文将说明学生做题过程中课堂上所发生的其他教学行为,表明学生做题行为并非孤立呈现)。课上,学生做题表现出独立自主性,几乎没有出现小组合作的现象,且均发生在各自的座位上。

二、学生做题过程中的伴生教学行为

对 Lexicon-芬学生做题过程中的其他教学行为进行汇总,结果如图 8-4 所示。

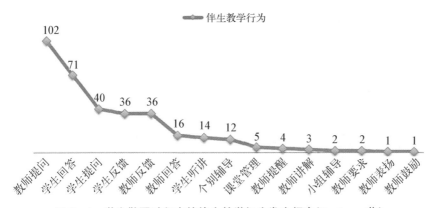

图 8-4　学生做题过程中的伴生教学行为发生频次(Lexicon-芬)

从图 8-4 中可以看出,教师在学生做题过程中的参与始终处于积极状态,发生频次靠前的几个教学行为依次是教师提问(其中以低认知水平的问题为主)、学生回答、学生提问、学生反馈、教师反馈。由于学生听讲、教师辅导具有时间上的持续性,因而也可以视为学生做题中主要的教学行为。本课中呈现出的课堂态势以学生做题为主,且教师干预频繁,师生互动密切。

教师提问、学生回答、学生提问、教师回答、学生听讲以及教师辅导等都是基于中国教学实践得出的中国课堂上的主要教学行为,在 Lexicon-芬这节课上也是主要的教学行为。

三、基于学生做题的师生互动结构

前文已显示,互动模式 1 和互动模式 2,即教师提问(102 次)—学生回答(71 次)和学生提问(40 次)—教师回答(16 次)在学生做题过程中多次出现,体现了师生之间高强度、高水平的互动。

学生做题过程中的师生互动模式分布及其发生频次如表 8-5 所示。从表中可知:五种师生互动模式在学生做题中均存在;师生问答式(互动模式 1 和互动模式 2)占主导,体现出其在教师与学生之间进行沟通的主要桥梁作用;互动模式 4(学生做题—教师辅导)也时有发生,表明教师有意识地通过辅导引发学生积极思考。教师总共进行了 14 次辅导(涉及全班 26 人次),其中个别辅导 12 次,小组辅导 2 次,约占课堂时长的 40%,是师生互动尤其是教师与个别学生进行互动的主要媒介,体现了教师在学生做题过程中的积极参与和卷入。互动模式 3 较少发生,从课堂录像中可以看到,在学生独立做题过程中,教师除了在巡视中解答学生提出的问题并施以辅导外,几乎没有出现全班讲解的情况,再次表明教师在学生做题过程中的积极参与和卷入。

表 8-5　基于学生做题的师生互动结构(Lexicon-芬)

第三节　教师提问的表征

教师提问是中国课堂中的 CPB,同样是 Lexicon-芬中的重要教学行为,本节将对教师提问作进一步研究,以深度刻画芬兰中学数学课堂教学的面貌。

一、教师提问的呈现方式

利用 NVivo 软件对这节 Lexicon-芬进行关于教师提问的编码,汇总得到各项表征,如表 8-6 所示。

表 8-6 基于提问内容的教师提问分析（Lexicon-芬）

提问对象	提问内容	问题数量	问题数量占比（%）	平均课堂话语量占比（%）	单个问题平均话语量（%）
个别学生	知识类	0	0	0	0
	解题类	87	57.24	8.25	0.09
	管理类	13	8.55	0.82	0.06
		100	65.79	9.06	0.09
小组	知识类	1	0.66	0.04	0.04
	解题类	10	6.58	0.9	0.09
	管理类	0	0	0	0
		11	7.24	0.95	0.09
全班	知识类	1	0.66	0.11	0.11
	解题类	28	18.42	3.14	0.11
	管理类	10	6.58	1.06	0.11
		39	25.66	4.31	0.11
自问自答		2	1.32	0.56	0.28

观察表 8-6 可知，这节课上的教师提问主要针对个别学生和全班，其中对个别学生提问的问题数量约是全班的 2.5 倍。并且，面向个别学生提问的问题数量约占问题总数的 66%，面向全班提问的问题数量约占问题总数的 26%。从中也可发现，教师与小组的互动并不是这节课的主要互动形式。从提问的话语量来看，教师自问自答的话语量相对较高，而面向个别学生、小组或全班的提问话语量基本一致。

管理类提问只存在于对个别学生和对全班的提问中。特别地，对全班的提问中，管理类提问约占 26%，提问数量达 10 次，说明整个班级的秩序并不十分有序，学生的行为以及学习进度需要教师加以监管。从录像中也可发现，这节课中针对全班的管理类提问均指向对班级秩序的监管，而对个别学生的管理类提问兼有指向秩序和指向教学进度的监管。

至此，完成教师提问的第一步编码。

第二步：针对问题类型，分别对这节课中的 152 个教师提问进行二次编码，结果如表 8-7 所示。

表 8-7 基于问题类型的教师提问分析（Lexicon-芬）

提问对象	问题类型	问题数量	问题数量占比（%）	平均课堂话语量占比（%）	单个问题平均话语量（%）
个别学生	回忆型	3	1.97	0.23	0.08
	理解型	38	25	3.66	0.10
	运用型	17	11.18	1.16	0.07

续　表

提问对象	问题类型	问题数量	问题数量占比(%)	平均课堂话语量占比(%)	单个问题平均话语量(%)
个别学生	分析型	27	17.76	3.05	0.11
	综合型	0	0	0	0
	评价型	2	1.32	0.15	0.08
	管理类	13	8.55	0.82	0.06
		100	65.79	9.06	0.09
小组	回忆型	0	0	0	0
	理解型	3	1.97	0.29	0.10
	运用型	5	3.29	0.3	0.06
	分析型	2	1.32	0.16	0.08
	综合型	1	0.66	0.19	0.19
	评价型	0	0	0	0
	管理类	0	0	0	0
		11	7.24	0.95	0.09
全班	回忆型	0	0	0	0
	理解型	11	7.24	1.35	0.12
	运用型	8	5.26	0.95	0.12
	分析型	7	4.61	0.56	0.08
	综合型	1	0.66	0.22	0.22
	评价型	2	1.32	0.16	0.08
	管理类	10	6.58	1.06	0.11
		39	25.66	4.31	0.11
自问自答		2	1.32	0.56	0.28

观察表 8-7 可得,对个别学生关于回忆型、理解型、运用型、分析型、综合型、评价型、管理类的提问分别有 3 个、38 个、17 个、27 个、0 个、2 个、13 个。类似地,对小组的提问分别有 0 个、3 个、5 个、2 个、1 个、0 个、0 个;对全班的提问分别有 0 个、11 个、8 个、7 个、1 个、2 个、10 个。所有教师提问中,对这些问题类型的提问分别有 3 个、52 个、30 个、36 个、2 个、4 个、23 个,表明教师提问以理解型、运用型、分析型和管理类提问为主,其中低认知水平提问侧重理解型问题和运用型问题,高认知水平提问侧重分析型问题。

第三步,对表 8-7 中的问题类型进行归类,结果分别如表 8-8 和表 8-9 所示。

表 8-8 基于提问对象和提问水平的教师提问分析(Lexicon-芬)

提问对象	提问水平	问题数量	问题数量占比(%)	平均课堂话语量占比(%)	单个问题平均话语量(%)
个别学生	低认知水平	58	38.16	5.05	0.09
	高认知水平	29	19.08	3.20	0.11
	管理类	13	8.55	0.82	0.06
		100	65.79	9.06	0.09
小组	低认知水平	8	5.26	0.59	0.07
	高认知水平	3	1.97	0.35	0.12
	管理类	0	0	0	0
		11	7.24	0.95	0.09
全班	低认知水平	19	12.5	2.30	0.12
	高认知水平	10	6.58	0.94	0.09
	管理类	10	6.58	1.06	0.11
		39	25.66	4.31	0.11
自问自答		2	1.32	0.56	0.28

表 8-9 基于提问水平的教师提问分析(Lexicon-芬)

提问水平	问题数量	问题数量占比(%)	平均课堂话语量占比(%)	单个问题平均话语量(%)
低认知水平	85	55.92	7.94	0.09
高认知水平	42	27.63	4.49	0.11
管理类	23	15.13	1.88	0.08
自问自答	2	1.32	0.56	0.28
	152	100	14.87	0.10

从表 8-8 中可知,教师对个别学生进行低认知水平、高认知水平和管理类的提问分别有 58 个、29 个、13 个,在个别学生提问总数中,分别占 58%、29% 和 13%;对小组进行低认知水平、高认知水平和管理类的提问分别有 8 个、3 个、0 个,在小组提问总数中,分别占 72.73%、27.27% 和 0%;对全班进行低认知水平、高认知水平和管理类的提问分别有 19 个、10 个、10 个,在全班提问总数中,分别占 48.72%、25.64% 和 25.64%。从表 8-9 中可知,低认知水平、高认知水平和管理类问题的数量分别为 85 个、42 个、23 个,分别占提问总数的 55.92%、27.63% 和 15.13%。

由此,可以得到如下结论:教师提问以低认知水平问题为主,且对个别学生、小组和全班的提问均以低认知水平问题为主;其次是高认知水平问题;管理类提问也较为频繁,显示出班级整体秩序有待维持。从单个问题平均话语量上看,高认知水平问题的话语量略高于低认知水平问题,对全班提问时的话语量略高于对个别学生进行提问时的话语量。

二、教师提问过程中的伴生教学行为

对 Lexicon-芬教师提问过程中的其他教学行为进行汇总,结果如图 8-5 所示。

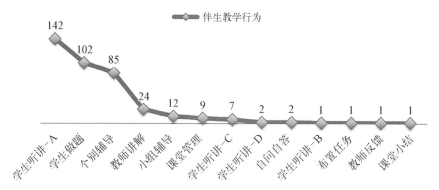

图 8-5 教师提问过程中的伴生教学行为发生频次(Lexicon-芬)

从图 8-5 中可以看出,在教师提问过程中最主要的教学行为是学生的积极听讲,其中 A 水平的学生听讲达到 142 次,表明教师提问过程中的学生卷入状态良好。在多数教师提问过程中,伴随着学生做题行为的发生,尤其是在对个别学生的提问过程中,整个班级的主导教学行为是学生解题。课上,教师还分别对个别学生和小组进行了辅导,表明教师提问也是进行辅导的重要方式。此外,其他高频发生的伴生教学行为主要包括教师讲解和课堂管理。

进一步地,分别考虑教师提问在低认知水平问题、高认知水平问题和管理类问题这三种问题水平下的伴生教学行为,结果如图 8-6 所示(不考虑教师的自问自答)。

图 8-6 表现出三种水平教师提问过程中的伴生教学行为具有高度的一致性,尤其表现为学生高水平听讲、学生做题、教师辅导和教师讲解的高频发生,进一步佐证了中国课堂上的 CPB 在芬兰课堂上的高频发生,表明了其关键性,显示出两国课堂在主要教学行为以及重点关切上的一致性。

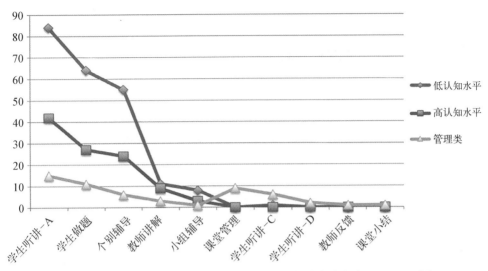

图 8－6 不同水平教师提问过程中的伴生教学行为发生频次（Lexicon-芬）

三、基于教师提问的师生互动结构

上文已显示,师生问答是这节课中主要的互动形式,整个课堂呈现出师生之间的紧密互动,不仅表现在与学习相关的知识传输上,还表现在课堂管理方面,课堂互动呈现多类型的态势。

Lexicon-芬教师提问过程中的师生互动结构如表 8－10 所示,由表可知,在三种问题水平中均未出现互动模式 1 和互动模式 2,互动模式 3、互动模式 4 均有所体现,而互动模式 5 仅存在于管理类提问中。同时,教师辅导贯穿各类型的教师提问,是此过程中师生之间展开互动的主要方式。

表 8－10 教师提问中基于问题水平的师生互动结构（Lexicon-芬）

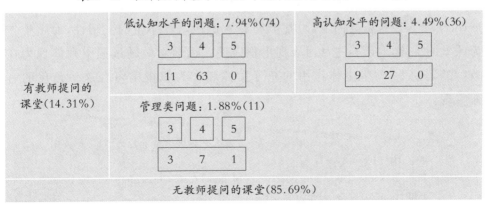

第四节　聚焦文献和访谈

本节主要从两个角度展开：一是解读介绍芬兰课堂教学实践的相关文献；二是从芬兰相关教育政策性文件及研究中演绎出与上述几个教学行为相关的内容。

一、学生听讲

学生听讲作为各国数学课堂中学生的主要行为，在芬兰课堂上也占据重要地位，然而暂未出现针对芬兰课堂上学生听讲的专门研究。

芬兰国家教育委员会（Finnish National Board of Education，简称 FNBE）认为，学生不必始终静坐在自己的座位上听讲，而是有权选择在哪里学习和怎样学习[1]。由此表明，芬兰国家教育政策性文件中所倡导的学生听讲并非学生被动听讲，更多的则是鼓励学生基于自身的学习需求而寻求更佳的听讲方式和学习方式，学生听讲应该指向知识的习得和技能的掌握。

卞晨光对 2014 年芬兰新课程改革以来的教育进行了研究，指出在芬兰的课堂上，学生听讲从来不是"被动地听课，消极接纳课堂上的内容"[2]，而是由教师的讲解、指导和学生的听讲、接受指导构建出师生之间的互动共同体。

二、学生做题

芬兰基础教育课程改革的核心理念之一是培养积极的学习者（active learner）[3]，在这一导向下，教师能够有意识地培养学生的主动性，而学生作为课堂的主体，对于自主学习表现出积极性。在学生做题过程中则体现为在教师的辅助下，学生主体作用的充分发挥和作为积极学习者这一角色的有效实现。

---

〔1〕〔2〕　卞晨光.芬兰新一轮教育改革：着眼未来国民素质和能力[N].光明日报，2016 - 09 - 18(08).

〔3〕　Finnish National Board of Education. National Core Curriculum for the Basic Education 2014 〔S〕. Finland，2014.

芬兰课堂教学提倡"少教多学"[1]、注重学生自主性的发挥、以学生为本的课堂价值取向,在这节 Lexicon-芬中也得以体现。教学中,学生占据主体地位,能够获得更多的时间和机会进行自主学习,在数学学习中则表现为学生有更多自主练习、做题的机会。

芬兰在课程实施上贯彻因材施教的原则[2],这一原则在课堂教学中表现为教师将课堂的主动权交给学生,让每一个学生依据自己的节奏开展学习。教师的主要职责是帮助学生解决个性化的需求,找到适合每一个学生的学习节奏和方法。例如,在 Lexicon-芬这节课上,近一半的时间是学生在自主做题,每个人自行解决问题,教师通过个性化的指导,给予每一个学生所需要的帮助。

三、教师提问

芬兰课程实施中的因材施教在教师提问过程中表现为教师提问以面向个别学生、指向具体问题的提问为主,针对性的提问能更加有效地定位到每一个学生的学习困难处与需求上,能够更为有效地促进该名学生的学习。

何善亮考察了芬兰课堂的教学实践,并对其教育教学经验进行了理论性的思考,发现在芬兰课堂中,课堂上教师的提问很小、很碎,学生则表现为紧张且忙乱地应对,表面上看学生积极参与、师生互动频繁,但实际上学生却是在找寻答案与被动应对[3]。这里的"很小、很碎",体现出教师提问的针对性强,能够直指具体问题的关键方面,从而促进学生思维的开阔以及问题的解决。

四、师生互动

前文已指出,芬兰课堂上的学生听讲不是被动地接受知识,而是依托教师行为和学生听讲构建出师生互动共同体,即教师讲解、教师辅导和学生听讲是芬兰课堂上主要的师生互动形式,而且这一互动并非消极、被动地呈现,而是表现出一定的

〔1〕 王光明,康玥媛,曹一鸣.芬兰独特而平稳的教育改革及启示[J].天津师范大学学报(社会科学版),2015(5):66-70.

〔2〕 张德启,汪霞.芬兰基础教育课程改革的整体设计与实施浅析[J].外国教育研究,2009,36(5):59-63.

〔3〕 何善亮."先见森林、后见树木"的教育学意蕴——基于芬兰教育教学经验的理论思考[J].教育理论与实践,2016,36(13):54-58.

积极性,学生在听讲中表现出强烈的获取知识和技能的意愿。

对于学生做题时的教师行为以及其中的师生互动模式,主要表现为教师对学生的辅导。贺慧敏举例说,在学生做题过程中,教师会耐心地站在学生的旁边等待学生思考;在他们需要时和他们面对面地讨论,并给予相应的指导,这种充满民主的课堂环境十分有利于师生的平等交流和知识传递[1]。这一例子说明学生做题过程中的教师辅导并非教师的直接讲解,而是在学生进行充分思考之后的教师辅导。从 Lexicon-芬中可见,学生做题过程中的教师辅导表现出类似的特征,教师针对学生的具体需求进行辅导,而在学生表达需求之前,则是自身对该问题作充分思考。

上文所提到的何善亮研究得出芬兰课堂教师提问"很小、很碎",体现了互动模式 1 在芬兰课堂上的具体表征,表现出基于问题解决的迫切性,也体现了这一互动模式中教师的主导作用和学生对教师主导的适应性。

五、对汉努拉教授的访谈

访谈中,汉努拉教授未对学生听讲和教师提问在芬兰中学数学课堂上的表现作出评判,这亦是访谈提纲设置中的一个缺陷所在。根据访谈结果,得出如下关于芬兰课堂中 CPB 的结论。

(一) 关于学生做题

自芬兰《国家基础教育核心课程 2014》的颁布与实施以来,芬兰的现象教学引起热议。现象教学背后的理念实质为跨学科(multidisciplinary)学习,这并非突然提出,而是缘起于 20 世纪 70 年代开始的芬兰综合学校改革,其中包含现象教学从理念到实践的变迁之路。现象教学的实施使得学生做题的形式更为丰富,对此,汉努拉教授举例说明了学生做题形式的变化。他以"交通"为例,在实施现象教学过程中,可以让学生读一则或者写一个关于交通的故事;也可以让学生对他们所在小镇的交通状况作统计分析;还可以让学生研究一个城市或者全世界交通状况的地理分布。此处的"交通"就是一个学习话题(topic),在这一话题下,不再要求学生像传统教学那样进行解题,而是给了学生更加自主的权利,甚至包括创设问题的权利,并解答自己所创设的问题。这一过程中的学生做题,实现了在不同学科中所习得的知识的融合。

---

〔1〕 贺慧敏.芬兰在 PISA 中成功的原因分析[J].现代中小学教育,2009(1):
72-75.

（二）关于师生互动

对文献的解读和对汉努拉教授的访谈均显示,芬兰在课堂内外和校内外的师生关系都较好,他们更像是朋友,师生之间很少有代沟,这与芬兰强调学生主体、尊重学生个性以及公平、信任[1]的教育文化不可分割。在这样的师生关系下,教师倾向于对学生予以指导,且师生之间交流频繁。

芬兰《国家基础教育核心课程 2014》体现出更加侧重生生互动和师生合作的倾向。对于生生互动,在之前的标准中就已有所强调,但在现象教学和合作学习的课程指导之下,现在更加鼓励学生之间的合作。生生互动并不会改变师生之间的关系,师生互动的主要实现途径并没有发生明显改变。更加重视生生互动,这在一定程度上弱化了教师的影响力,或者说改变了教师的角色,使得教师的教学方法发生了改变,教师不再是站在讲台前讲授知识,更多的则是学生的自主活动。虽然在此之前的芬兰课堂中以学生为中心的活动已较多,但现在则表现出学生合作学习和教师讲解并存且学生合作偏多的特征。

教师讲解—学生听讲是师生之间的重要互动模式。汉努拉教授表示,根据他的观察,在芬兰课堂上,年长的教师更加倾向于使用以教师为中心的讲授法作为知识传输的主要途径,并作为师生互动的主要方式,而教师讲解过程中的问答式互动也频繁发生。

特别地,芬兰课堂上的互动内容具有一定的特殊性。教师讲解讲什么? 自然是讲与学生学习息息相关的知识。但是,芬兰课程标准要求教师在进行知识传授的同时,要注意"培养未来公民"这一教育目标的落实。教师不仅要考虑教什么,更要考虑怎么教。同时,教师需要教给学生相应的价值观(values),即关心人类命运、社会公平、关心他人、环境保护责任感等,这是芬兰课堂上师生互动更为上位的要求,教师需要在课程计划与实施中时刻铭记。

第五节　本章小结

本章采取的研究方法主要是录像分析法、文献分析法和访谈法,勾勒出芬兰中学数学课堂上师与生、教与学的行为概貌,尤其聚焦学生听讲、学生做题、教师提

---

[1]　王悦芳.芬兰基础教育改革的逻辑与理念[J].外国中小学教育,2009(6): 7 - 10,15.

问、师生互动这四个教学行为。

一、学生听讲

Lexicon-芬中,师生之间的问答在学生听讲过程中频发,且学生听讲约占课堂总时长的90%,故学生听讲中的教学行为表征基本代表了这节课的整体态势。

录像显示,高水平的学生听讲约占课堂总时长的80%,这一占比略低于本研究中的其他几个国家。课始,班级秩序混乱,教师多次进行了秩序维持,学生听讲处于C水平和D水平。学生听讲过程中,主要伴随着教师提问、学生回答、教师反馈和学生反馈,其中教师提问以低认知水平的问题为主。

虽然高水平的学生听讲占据主导,但是这节课上的学生行为较为自由散漫,班级秩序一般,多次出现课堂管理,尤其是教师对个别学生的行为监管频发。对汉努拉教授的访谈显示,Lexicon-芬可以被认为是一节典型的芬兰课,并可以被认为是由优秀教师所开展的一节优秀课堂。由此可知,芬兰课堂的气氛自由,且学生行动自由,迥异于中国课堂。同时,芬兰国家教育委员会也鼓励学生自主决定"在哪里学习和怎样学习"。因而,自由背后不可避免地会出现秩序的不时失控,需要教师及时调节。

二、学生做题

学生做题是芬兰数学课堂的传统之一,因为芬兰课堂鼓励给学生更多的自主,而数学课堂中的自主做题是实现学生自主性的重要方式。

录像课中,课堂时长约一半的时间,学生均处于自主做题之中,所做的是书本上的练习题,以学生独立解题为主,且题目表现出基于生活情境的特征。其间,教师不断对学生进行辅导。辅导均不是由教师发起的,而是由学生经过自主思考后仍无法解决问题,因而主动向教师提问。

教师提问、学生回答、学生提问是学生做题过程中的主要教学行为。课上的互动从频次上看仍以问答式为主,但是教师辅导是学生做题过程中更为重要的互动形式,虽然在频次上较低,但是辅导行为具有时间上的持续性,贯穿整个学生做题行为的始终。同时,教师讲解不是学生做题过程中主要的互动形式。

文献显示,芬兰课堂上的学生合作解题是主要的学习方式之一,尤其是自《国家基础教育核心课程 2014》颁布以来,更加强调合作学习并以每年至少实施一次现象教学的形式强力保障学生的合作,使得学生做题在形式上更为丰富。芬兰国家教育理念倡导培养积极的学习者,主张学生在课堂上自主发挥,独立做题或合作做题是实现学生自主性的途径之一,而不是一味听从教师的讲解。给学生更多做题的机会,其间教师则扮演辅导者的角色,这正与因材施教的理念相契合。

三、教师提问

录像显示,教师提问以对个别学生的提问为主,折射出芬兰课堂强调学生自主性的特点。教师提问更加注重问题的解决,并且以低认知水平提问为主,高认知水平提问也占据一定的比例。芬兰自由开放的课堂环境在教师提问过程中也有所表现,即教师多次提出指向课堂管理的管理类提问,以对课堂秩序加以调控。

在教师提问过程中,教师与学生个体的互动是主要形式,与全班的互动也较为频繁,与小组的互动并不是这节课的主要互动形式。但是,文献研究显示,芬兰课堂尊重学生主体性的发挥,不仅给学生更多独立学习的机会,还鼓励学生以合作的形式开展学习。据此可知,芬兰课堂上的教师提问实际主要面向个别学生和小组。从话语量上看,教师提问简洁凝练、针对性强。其间,学生听讲、学生做题、个别辅导、教师讲解都是教师提问过程中高频发生的教学行为,体现出师生之间的紧密互动。

四、师生互动

学生听讲、学生做题和教师提问是芬兰课堂上主要的教学行为,教师讲解—学生听讲、学生做题—教师辅导以及教师提问—学生回答也是师生之间主要的互动模式。录像已显示这些互动模式在课堂上的有效实现。

几个 CPB 的发生过程中,教师行为和学生行为不断构建出师生之间的互动,其中尤以基于问题解决的问答式互动为主。

整体来看,芬兰中学数学课堂中的师生互动以面向学生个体和小组的互动为主;互动形式以问答式为主,互动模式 3 和互动模式 4 也占据一定比例。互动模式 5 虽然在频次上远不如前几个互动模式,但是相对其他国家而言,芬兰课堂上的课堂管理更为频发。结合芬兰自由、信任的教育文化和理念可以解释这一现象,表明了自由及其背后的散漫在芬兰课堂上并存。研究者普遍认识到并肯定芬兰教育文化中尊重个性、尊重学生主体地位的价值观,但是本研究通过深入课堂的实践研究,不仅展现了芬兰课堂的自由性,也表明了课堂监管的必要性,这一必要性侧面体现了学生的个性被尊重,然而(个别)学生对于教师或其他学生的尊重较为缺失。

第九章 / 研究结论、创新与展望

第一节 研究结论

CPB 是对一个课堂教学行为重要性的描述，探寻 CPB 对于针对性地进行教学改进、促进有效教学具有积极意义。

本研究基于 Lexicon 项目九个国家的录像课以及项目所开发的中学数学课堂教学行为词典，并结合视频审核和专家论证，探寻中学数学课堂教学中的 CPB，共产生 124 个教学行为，其中约 32% 来自 Lexicon 项目录像课，约 68% 来自六位数学教育领域内专家、一线教师的审核增删环节。进一步对 124 个教学行为进行关键性层级分类，借助 CIT 技术，结合专家评判，利用 Polinode 在线软件获取 16 个潜在 CPB。继而对 100 多名具有丰富教学经验的数学教师进行问卷调查，并对其中的几名优秀教师进行访谈，针对教学行为的关键性作进一步探寻，得出中学数学课堂上关键性最高的五个教学行为，即师生互动、教师提问、教师展示、学生听讲以及学生做题，将其归入 A 层级；另外包括教师讲解、学生讲解、学生提问、合作学习等 11 个潜在 CPB，将其归入 B 层级；并将 A、B 层级之外的 108 个课堂关联指数小于 3 的教学行为归入 C 层级。

进而，对师生互动、学生听讲、学生做题和教师提问的课堂呈现方式进行研究。研究素材包括中国、澳大利亚、法国和芬兰四个国家的来自 Lexicon 项目、MIST 项目、TIMSS 1999 的共 10 节录像课，各个国家课堂教学行为的相关文献，以及对阿蒂格教授、汉努拉教授所进行的基于法国和芬兰课堂教学实践以及课程理念的深度访谈。研究资料的选取呈现非对称性，体现出针对不同国家、不同课堂教学情境"具体问题、具体分析"的特点。

基于中国中学课堂教学实践以及数学教师对教学行为的理解所获得的CPB具有本土化特征，因而将之用于澳大利亚、法国和芬兰作研究时，不可直接将其用作该国中学数学课堂上的CPB。本研究对此的处理方法是：采用三角互证的方法来保证基于中国中学课堂教学情境探寻得出的CPB与其他国家的课堂关切在一定程度上具有高度一致性，从而为后续分析奠定可靠的基础。此处的三角互证主要表现为不同对象对同一议题的互证：一是引荐Lexicon项目研究成果；二是对澳大利亚、法国和芬兰专家进行深度访谈加以佐证；三是回归各国课堂教学实践，分析课堂录像中的教学行为以证实上述几个教学行为的关键性。

上述论证过程得出：师生互动、学生听讲、学生做题和教师提问这几个教学行为在另外三国课堂上同样占据重要地位，甚至是世界多国数学课堂的共同关切（引荐Lexicon项目研究成果可得），以此表明这几个教学行为在他国课堂上的重要性和关键性，进而再将其作为他国课堂的CPB作深入研究（但是仍需注意，这几个教学行为虽然在澳大利亚、法国和芬兰课堂上具有重要占比，是关键的教学行为，却并非一定是最为关键的几个，正如问卷调查和访谈获取的中国课堂的CPB也存在着依课型、内容、教师授课风格等而变化的特性）。

分别研究各国课堂中关于这几个教学行为的表征，结果再次显示出依托中国教学情境获得的CPB在其他几个国家课堂上同样是占据主导地位的教学行为。在录像研究的基础上，补充各国相关文献和访谈结果，描绘中国等四个国家中学数学课堂上学生听讲、学生做题、教师提问以及相应过程中的师生互动概貌，以此完成对相关CPB的分析，并进行国际比较。

一、学生听讲

毋庸置疑的是，学生听讲将有助于学生展开思考，并在各国课堂上均是主导的学生行为之一。然而，从学生行为的角度而言，"听"和"说"是一对互斥的行为，中国课堂中的学生听讲在课堂总时长上占据更大的比例，与其他几个国家相比达到更高的听讲水平，这与澳大利亚、法国和芬兰课堂所表现出的情况明显不一致。

（一）学生听讲的表征

本研究采取随教学内容和教师发声所面向主体的变换来切割课堂上的学生听讲行为。结果显示，中国课堂上学生听讲平均片段数为17，明显低于澳大利亚、法国和芬兰课堂的44、75和26，体现出中国课堂相对聚敛的态势，少有教师发声对象

的切换,刻画出课堂在形式上的稳定。在这一点上,芬兰课堂与中国课堂最为相似;而法国课堂上的学生听讲不断变换听讲主体,体现出较高的发散性。

表9-1是各国课堂录像中学生各水平听讲在课堂总时长内的占比。由表可知,中国课堂上学生听讲行为占比最高,并且均为高水平的学生听讲,体现出井然有序的课堂态势;接下来,依次是芬兰、法国、澳大利亚。其中,澳大利亚课堂上的学生听讲相对最少,表明课堂上无教师发声时,学生独立做题或者小组合作相对更多。

表9-1　各国四种水平的学生听讲行为分布

	中 国	澳大利亚	法 国	芬 兰
学生听讲-A	90.86%	70.05%	80.54%	70.63%
学生听讲-B	4.35%	5.8%	4.24%	10.7%
学生听讲-C	0%	4.93%	2.80%	7.06%
学生听讲-D	0%	1.38%	2.40%	2.4%
学生听讲	95.21%	82.16%	89.98%	90.79%

从高水平的学生听讲占比来看,从高到低依次是中国、法国、芬兰、澳大利亚。考虑到整个课堂上学生听讲占比的差异,若按各学生听讲水平占学生听讲总时长的比例计入,则中国、澳大利亚、法国和芬兰课堂上的高水平学生听讲分别为100%、92.43%、94.22%和89.58%,从高到低依次是中国、法国、澳大利亚、芬兰,中法两国的相似度在高水平的学生听讲方面得以证实。此外还表明,中国与国外课堂表现出有所差异的学生听讲态势,在"听"与"说"上虽有差异,但并非天壤之别;芬兰课堂上的低水平学生听讲情况较多,明显高于本研究中的其他几个国家。

分析显示,中国课堂上仅有高水平听讲而没有低水平听讲;国外课堂上虽然高水平听讲占据主导,但是低水平听讲的占比并不低。究其原因,主要是由课堂环境导致的,低水平的学生听讲主要发生在课堂开始和结束阶段,因为课堂首尾阶段牵涉对课堂秩序的调控,较少涉及具体知识的教学,学生状态较为松散、自由,难以达到高水平的听讲。

本研究试图探寻课堂首尾阶段中外课堂秩序和气氛上的差异,得出两个潜在原因:一是中国课堂在开始、结束阶段均有固定的"仪式"(上课仪式和下课仪式),保证了秩序的稳定有序;二是受儒家文化圈的影响,表现出更强的教师主导倾向,一定程度上保证了课堂的教学秩序和学生的听讲水平,在这一点上,同属亚洲的日本也表现出相似的特征。

阿蒂格教授在评论法国课堂上的学生听讲时指出,不能以形式上的学生高水平听讲代替实质上的学生听讲水平,而要根据学生的行为、思考等对学生的听讲水平加以评判,这一论断同样适用于其他国家的学生听讲价值判断。需要说明的是,本研究并非要以学生听讲水平界定课堂教学水平或者学生知识习得的多寡,仅是想借此刻画课堂概貌,对各国课堂教学实践予以客观呈现。对于这一点,可以从芬兰较为卓越的 PISA 成绩上加以解释。

(二)学生听讲过程中的伴生教学行为

学生听讲过程中的伴生教学行为指的是在学生听讲过程中,课堂上正在发生的其他师生行为。录像分析显示,在学生听讲过程中,中国课堂上主要伴随着教师提问、学生回答、教师反馈、学生做题;澳大利亚课堂上主要伴随着教师反馈、学生做题、教师提问、教师讲解、学生回答、课堂管理;法国课堂上主要伴随着学生做题、教师反馈、教师辅导、教师讲解;芬兰课堂上主要伴随着教师提问、学生回答、教师反馈、学生反馈。各国课堂表现出较高的一致性:教师作为辅导者和引领者的角色特征在各国课堂的学生听讲过程中均得以显现;各国均表现出学生积极卷入、主动思考,但是学生记笔记的行为相对较少发生。

此外,中国课堂学生听讲时的行为具有明显区别于澳大利亚、法国和芬兰课堂的特征,具体表现在学生主动提问较缺乏,平均仅 0.67 次,明显低于澳大利亚、法国和芬兰的 16 次、32 次和 47 次。

(三)学生听讲过程中的师生互动

由于学生听讲在各国课堂上均占课堂总时长的 80% 以上,因而对学生听讲中的伴生教学行为以及师生互动模式的研究基本可以呈现该国课堂的整体概貌。

综合各国学生听讲过程中的师生互动模式,结果如图 9-1 所示。由图可知,各国课堂上的问答式互动(互动模式 1 和互动模式 2)占比均超过 50%,中、澳、法、芬分别达到 95.33%、71.69%、52.37%、79.92%。其中,中国课堂上的师生互动以教师提问—学生回答为主要形式,其所占比例明显高于其他几个国家,显示出中国课堂上师生之间的互动较为单一,具有不均衡性。除中国之外,其他国家师生之间的互动形式多样,虽仍以问答式为主,但是其他互动模式也以一定的比例出现。特别地,法国课堂尤其表现出师生互动方式的多元化和模式的均衡性,互动模式 3~互动模式 5 的占比相当。形式多样的师生互动呈现出法国课堂活泼生动的课堂态势,既有学生的主动学习,也有教师的适时辅导。

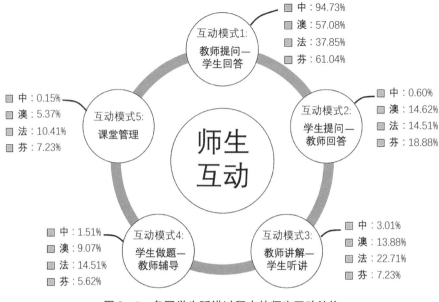

图 9-1　各国学生听讲过程中的师生互动结构

需强调的是,在统计互动模式时,本研究以互动次数计入,而非互动的时间或话语量。中国课堂上表现出较高的聚敛性,较少出现教师切换发声对象的情况,由此导致课堂上教师讲解所占时间较多,而频次较低,使得互动模式 3(教师讲解—学生听讲)偏少。然而录像和文献分析均显示,教师讲解是中国课堂主要的知识传输方式。

二、学生做题

学生做题的关键性主要表现为在各个国家课堂总时长上的占比较大,法国课堂甚至超过一半的时间用于学生做题。本研究认为,对学生做题的注重程度不应从国家间和文化层面加以解释,而是应从数学知识结构和数学课堂属性方面作区别。

(一) 学生做题的表征

纵观各国课堂上的学生做题行为,共性主要包括:以做练习题而非例题为主,例题倾向于教师讲解;以学生在座位上做题为主,少有场域的切换,少有学生板演的情况,但是个别课堂上出现长时间在电脑上操作以及使用图形计算器的情形。

分析学生做题形式,发现中国课堂倾向于集体做题,即师生共同做题。在此过程中,教师的主导性得以强化,表现为教师引领做题进展和课堂节奏。澳大利亚、法国和芬兰课堂上的学生做题具有趋同的性质,表现为倾向于学生独立做题,迥异于中国课堂的集体做题方式。虽然在法国、芬兰的这两节录像课中未出现学生小组做题的情况,但是文献及其他实证研究均显示,小组做题是法国和芬兰课堂上主要的学生合作学习方式,在本研究中却并未体现,反映出课堂模式非固化和多元化的特征。

分析学生做题内容,发现中国的题目表现出更加强烈的脱离生活情境的特征,而澳大利亚、法国和芬兰学生所做的题目表现出更强的实用主义色彩,具有更多的生活情境。但是,已有对澳大利亚课堂的实证研究和本研究对几个国家的课堂录像分析均显示,课堂上学生独立做完教师分配的数学问题后,这些问题较少在全班作示范和讨论[1],这是迥异于中国课堂学生做题的表现之一,由此体现出"中国教师更加关注在课堂教学中建立其教学理念之间的联系"[2]。

特别地,"由于中法两国在文化上最为相近,故作为主要文化表达方式的教育和课堂教学可能呈现高度一致"的研究假设在两国课堂上的学生做题表征方面被证伪,尤其表现为中国课堂上的集体做题特色在其他国家课堂中鲜少存在。

(二) 学生做题过程中的伴生教学行为

学生做题过程中的主要伴生教学行为统计如下:中国课堂上包括教师提问、学生回答、教师反馈、学生听讲;澳大利亚课堂上包括小组讨论、学生听讲、教师辅导、教师反馈、学生回答;法国课堂上包括教师反馈、学生听讲、教师讲解、教师提问、学生回答;芬兰课堂上包括教师提问、学生回答、学生提问、学生反馈、教师反馈,仍表现出各国课堂态势较高的一致性以及教师作为辅导者和引领者的角色特征。

在澳大利亚、法国和芬兰课堂上的学生做题过程中,教师不断对学生进行辅导,辅导多数由学生主动发起,且均是在学生经过自主思考之后仍无法解决问题时,才会主动向教师发起提问。

---

[1] 黄荣金.国际数学课堂的录像研究及其思考[J].比较教育研究,2004(3):39-43.

[2] HUANG R J, CAI J F. Implementing mathematical tasks in US and Chinese classrooms [M]//SHIMIZU Y, KAUR B, HUANG R, CLARKE D. Mathematical tasks in classrooms around the world. Rotterdam: Sense Publishers, 2010: 145-164.

（三）学生做题过程中的师生互动

学生做题过程中的师生互动表现出类似于图 9 - 1 的结构，因为学生听讲占比较大，基本可以呈现课堂整体概貌。除中国以外，教师辅导是各国课堂上学生做题过程中主要的教师行为，虽然频次上较低，但要认识到辅导行为具有时间上的持续性。相应地，教师讲解和师生集体做题是中国学生做题过程中主要的互动形式。

三、教师提问

（一）教师提问的表征

从提问的内容指向上来看，各国的教师提问主要聚焦于问题解决，中国、澳大利亚、法国和芬兰课堂上指向问题解决的提问占比分别为 64.76%、52.26%、48% 和 82.24%。

表 9 - 2 显示的是本研究十节录像课中教师针对不同提问对象的平均提问次数分布，中国课堂上教师提问的总次数和课堂时间占比均明显高于其他三个国家，显示出教师提问在中国课堂上的重要性，是教师进行启发式教学以及激发学生思考的重要方式。此外，中国教师倾向于采取"重复提问"的方式，一定程度上增加了教师提问的总数，这在文献和录像研究中均得以证实。

表 9 - 2　不同提问对象的平均提问次数分布（单位：次）

提问对象	中　国	澳大利亚	法　国	芬　兰
个别学生	39.33	60	81	100
小　组	0.33	19.2	0	11
全　班	167.33	45	42	39
合　计	215.67	132.8	125	152
课堂时间占比	35.57%	17.49%	14.37%	14.87%

注：合计中包括教师的自问自答。

如图 9 - 2 所示，从提问对象来看，中国课堂的教师针对个别学生的提问约占 20%，对全班的提问约占 80%；而在澳大利亚、法国和芬兰课堂上，对个别学生和全班提问的占比分别为 45.18% 和 33.89%、64.8% 和 33.6%、65.79% 和 25.66%。从图中可以直观地感受到，在教师提问对象的占比方面，中国课堂明显迥异于其他三个国家，而澳大利亚、法国和芬兰的课堂表现出高度的一致性。表明中国课堂上的教师提问注重面向群体，缺乏个体针对性；澳大利亚、法国和芬兰的教师提问表现出更强的个体针对性。

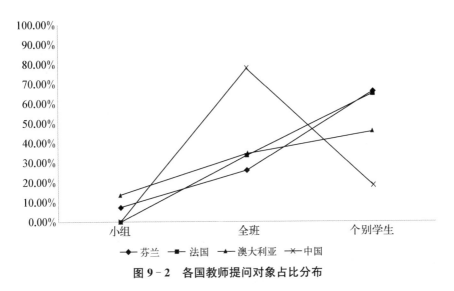

图9-2 各国教师提问对象占比分布

综合分析四个国家的教师提问水平和话语量,结果如表9-3所示。从提问水平来看,各国均以低认知水平问题为主。关于低认知水平问题的占比,从高到低依次是中国、法国、芬兰、澳大利亚。其他实证研究和文献分析也显示,课堂上的提问以低认知水平问题为主是中国课堂的普遍现象,在小学数学课堂上的占比甚至达到85%左右[1]。

表9-3 各国教师提问相关统计

	提问水平	问题数量	问题数量占比(%)	平均课堂话语量占比(%)	单个问题平均话语量(%)
中国	低认知水平	432	66.77	23.52	0.16
	高认知水平	148	22.87	8.55	0.17
	管理类	41	6.34	1.34	0.10
	自问自答	26	4.02	2.16	0.25
		647	100	35.57	0.16
澳大利亚	低认知水平	278	41.87	7.61	0.14
	高认知水平	145	21.84	4.61	0.16
	管理类	198	29.82	3.41	0.09
	自问自答	43	6.48	1.77	0.21
		664	100	17.4	0.13

〔1〕 张春莉,宁丽曼.不同水平问题的小学课堂提问实证研究[J].课程·教材·教法,2011,31(10):35-40.

	提问水平	问题数量	问题数量 占比（%）	平均课堂话语量 占比（%）	单个问题平均 话语量（%）
法国	低认知水平	75	60	8.53	0.11
	高认知水平	32	25.6	4.55	0.14
	管理类	16	12.8	1.11	0.07
	自问自答	2	1.6	0.18	0.09
		125	100	14.37	0.08
芬兰	低认知水平	85	55.92	7.94	0.09
	高认知水平	42	27.63	4.49	0.11
	管理类	23	15.13	1.88	0.08
	自问自答	2	1.32	0.56	0.28
		152	100	14.87	0.10

从图 9-3 中可以直观地看到国家间的共性，中国、澳大利亚、法国、芬兰的课堂上均是以低认知水平问题为主，高认知水平问题亦占据重要地位；而澳大利亚课堂在管理类提问上显示出明显高于其他三个国家的特征。

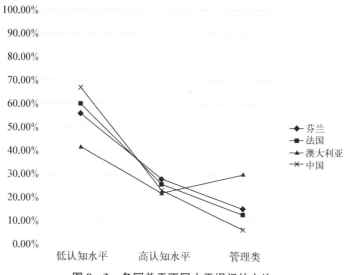

图 9-3　各国关于不同水平提问的占比

对各国话语量作专门分析，结果如图 9-4 所示。从图中可以直观地看到，在各类问题水平中，中国课堂的话语量均高于其他各国。且根据前文的分析，中国教师面向个别学生和全班的提问，在问题表述的详尽程度上基本一致，均体现出具体、详细的特征；教师提问高认知水平问题和低认知水平问题的话语量也基本一致，表明教师无论面向的提问群体是谁，无论问题的水平层级如何，均倾向于以详尽、具体的表述呈现问题。

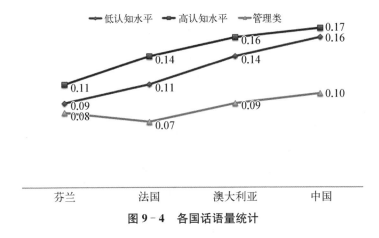

图9-4　各国话语量统计

整体来看，各国关于不同问题水平的教师提问话语量从高到低依次是高认知水平问题、低认知水平问题、管理类问题，即随着问题复杂程度的增加，教师更加倾向于以具体、详尽和更为丰富的语言来表述。研究还得到，除中国外，其他三个国家的教师在提问时，问题的详尽程度随提问对象的扩大而增加；中国课堂的教师提问话语量呈现出不随群体规模变化而变化的特征。

（二）教师提问过程中的伴生教学行为

教师提问过程中的主要伴生教学行为统计如下：中国课堂上包括学生听讲、教师讲解、学生做题；澳大利亚课堂上包括学生听讲、学生做题、小组讨论、小组辅导、教师讲解；法国课堂上包括学生听讲、学生做题、个别辅导、教师讲解；芬兰课堂上包括学生听讲、学生做题、教师讲解、教师辅导。从中充分体现了各国教师提问的目的性：指向课堂讲解和对学生做题的辅助，并伴随着高水平的学生听讲，各国课堂表现出较高程度的一致性。

伴随教师提问而发生的其他教学行为具有共性，且共性不仅表现在国家内部，也表现在国家间，说明各个国家中学数学课堂教学中教师提问具有一定的共通之处，教师提问过程中的课堂概貌有共性可循。

（三）教师提问过程中的师生互动

教师提问的对象一定程度上说明了教师提问过程中的互动主体。分析澳大利

亚、法国和芬兰的录像课和相关文献,显示出在教师提问过程中,教师与个别学生的互动是主要类型,也伴随着与全班和小组学生的互动,体现出课堂主体的多元性。教师提问多以针对性更强的个别提问呈现,表明教师尊重个体差异性,能顾及不同学生的学习节奏。然而,中国课堂则表现为教师与全班的互动占据绝对主导,这也是中国课堂讲解—传授式主导下的课堂教学特色。

对于教师提问过程中师生互动模式的探究,在此对互动模式 1 和互动模式 2 不作讨论。互动模式 3～互动模式 5 在各国教师提问中所占比例如图 9-5 所示。

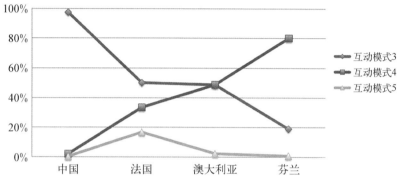

图 9-5　各国教师提问过程中的互动模式占比

对于教师提问的目的,有研究指出,在中国的部分数学课堂上,若教师在提问后让未举手的学生回答,经常是出于课堂管理的目的,甚至有时是为了惩罚该学生而为之[1],可见教师提问本身也可以成为课堂管理的手段,而并非一定指向问题解决。这是中国课堂与其他国家课堂的差异之一。

四、师生互动

课堂上师生互动的意义不言而喻,它深刻影响着课堂的效果,并关系到学生在课堂内外的自我建构。本研究中的几个互动模式显现出师生互动既是双方主导的双主体架构,又是言语互动和行为互动的综合,且语言是重要的互动载体。

整体来看,中国在师生互动方面再次表现出与其他国家明显的差异,主要体现在中国课堂上的互动表现出相对静态的模式,并以教师为主导。虽然不可否认的是,合作学习也广泛存在于中国中学数学课堂上,但讲解—传授的课堂教学模式仍

〔1〕　周莹,王华.中美中学数学优秀教师课堂提问的比较研究——以两国同课异构的课堂录像为例[J].数学教育学报,2013,22(4):25-29.

占据主导[1],这一模式在包括中国、日本、越南、新加坡等国在内的亚洲课堂上均有所体现。

本研究旨在陈述中国、澳大利亚、法国、芬兰课堂上的CPB表征,借此勾勒各国课堂概貌,无意比较其优劣。实际上,正如阮芳(Nguyen Phuong)所说,合作学习和儒家文化圈中的集体主义并非对立,也无需强硬融合,不应当忽视、低估或者固化儒家文化圈中的文化和教育特征,而将西方教育体系中盛行的建构主义的产物之一——合作学习生硬地在包括中国在内的儒家文化圈国家中使用[2]。

(一)互动模式1:教师提问—学生回答

录像显示,互动模式1是各国课堂上师生之间进行沟通与互动的主要模式。对教师提问的研究以及学生听讲过程中的互动结构(图9-1)均显示该互动模式在各国课堂上的重要地位,但在具体互动对象上存在国家间的差异。对此,前文已有所说明,故不再赘述。

整体而言,西方课堂上教师针对性的行为使得课堂上的学习机会呈现出面向个体的均衡性;而中国课堂上教师的全班提问或全班讲解则使得课堂上的学习机会得以从分散走向集中,从个体走向群体。

在一节完整的数学课上,教师提问的数量从几十次到上百次甚至200余次不等。已有研究表明,教师提问的数量实际上并非区分课堂教学质量的关键要素。黄荣金等指出,中国课堂教师提问较多,因为教师更善于通过活动或提问鼓励学生发表自己的观点,借助来源于学生的素材来建构知识[3]。由此可见,教师提问—学生回答主导下的师生互动并不会影响课堂的教学效果,反之可以有效促进学生的持续卷入和积极思考。

(二)互动模式2:学生提问—教师回答

互动模式2在中国以外的其他三个国家均占据一定比重,而在中国课堂中有

---

[1] 曹一鸣.中国数学课堂教学模式及其发展研究[M].北京:北京师范大学出版社,2007.

[2] PHUONG-MAI N, TERLOUW C, PILOT A. Cooperative learning vs Confucian heritage culture's collectivism: confrontation to reveal some cultural conflicts and mismatch[J]. Asia Europe journal, 2005, 3(3): 403 – 419.

[3] 黄荣金,汪甄南.沪港澳中学数学课堂教学之比较[J].数学教育学报,2007, 16(2): 77 – 81.

所欠缺,但不可否认的是,包括中国在内的世界各国课堂教学都在鼓励学生主动参与,让学生成为课堂的主人。

互动模式2和互动模式1的有机融合最能体现教育的智慧。在学生提出问题后,教师以问代答,甚至变回答为提问,通过变换学生问题的形式重新提问,促进学生自行探究解决方法,从而更能启发学生的思维(如法国)。然而,这对教师的专业要求较高。

(三) 互动模式3:教师讲解—学生听讲

本研究显示,首先,学生听讲是课堂上学生主导的行为,也是其获取知识的主要途径;其次,教师讲解也是各国课堂上知识传递的主要方式,是教师主导的教学行为,因而师生双主体的教学行为使得该互动模式成为各国课堂上师生互动的重要模式。

有研究者指出,中国、日本、韩国、新加坡可能受其文化传统的影响,或是由于亚洲数学教师有计划地组织教学的原因,存在着教师讲解(或提问)、学生听讲(或回答问题、做题、教师辅导)频发的表现,而区别于西方国家数学课堂在这方面的表征[1]。

(四) 互动模式4:学生做题—教师辅导

互动模式4在中国课堂上表现出显著区别于国外课堂的特征,主要体现在教师辅导的缺失,表现出这一双边行为的非对称性。互动模式4在中国课堂上更多地表现为学生做题—教师讲解—学生听讲;但是在澳大利亚、法国、芬兰课堂上,教师辅导的发生机会明显高于中国课堂。

表9-4统计了四国课堂上学生做题过程中的教师辅导响应率,结果显示,中国课堂上的教师辅导响应率约为40%,远低于其他三个国家,芬兰课堂上甚至表现出持续不断的教师辅导,几乎贯穿学生做题的始终。从课堂录像来看,中国课堂的"无辅导"实际上是较少针对个别学生或某个小组的辅导,而是表现为全班的集中讲解,是面向全班的辅导,体现出集体主义色彩。

---

〔1〕 曹一鸣.中国数学课堂教学模式及其发展研究[M].北京:北京师范大学出版社,2007.

表9-4　各国学生做题的辅导响应率

	中　国	澳大利亚	法　国	芬　兰
学生做题	32.02%	47.89%	49.2%	43.84%
教师辅导	12.34%	34.72%	28.55%	33.91%
辅导响应率	38.54%	72.50%	58.03%	77.35%

然而,并不表示这是中国中学数学课堂学生做题中的共同表征,也不能据此断言中国课堂存在"有做题、无辅导"的现象。研究表明,中国课堂学生做题过程中的互动形式表现为兼有教师辅导和教师讲解,且以教师讲解为主。

综合而言,各国课堂学生做题过程中均有广泛的教师参与,但教师参与的方式不同,因而在共性之中亦有个性特征,即:中国课堂学生做题行为主导下的教师干预表现为师生集体做题和教师全班讲解,缺乏教师针对性的辅导;而澳大利亚、法国和芬兰学生做题行为主导下的教师干预则表现为师生基于问题解决的教师辅导和学生提问。

(五) 互动模式5：课堂管理

互动模式5的主要出发点和落脚点在于对课堂秩序的调控。由于中国课堂上几乎没有出现学生心不在焉或不在学习状态的情况,且亚洲课堂表现出更强的教师主导性,因此中国课堂上并未出现该模式,在课堂首尾阶段亦是如此。

相反,互动模式5在澳大利亚、法国和芬兰课堂上是师生之间重要的互动形式,尤其发生在各国课堂首尾阶段,主要是对课堂秩序的调控,从而创设出有利于所有学生学习并能有所收获的课堂环境。

第二节　研究创新与展望

一、研究创新

(一) CPB 的研究视角

关于中学数学课堂教学行为的研究较多,并且随着数学课堂教学研究的盛行,国际比较也成为主流范式,但是关于 CPB 的生成与研究尚属新颖,因此本研究在一定程度上具有完善理论的意义。同时,以针对国内外数学教师和数学教育研究

人员的问卷调查和访谈为基础,进而生成中国中学数学课堂教学中的 CPB,并以 CPB 为出发点和落脚点进行中国、澳大利亚、法国和芬兰数学课堂教学中的 CPB 分析与比较,这一研究方法与思路也是较为新颖且可靠的。

(二)课堂录像研究作为对法国和芬兰数学教育已有研究的补充

当前,国内对法国、芬兰的研究较多的是在解析教育政策、评价教育理念等方面,缺少一线课堂教学的研究。本研究结合课堂教学录像对芬兰和法国进行相关研究,辅以访谈和文献内容分析,补充了国内研究的欠缺之处。

在国际比较的潮流下,本研究聚焦数学课堂教学中具体教学行为的比较,在针对性地进行教学改进方面具有一定的实践指导意义。

(三)量化和质性混合的研究方法

本研究采取的是混合研究方法,以质性研究方法为主,辅以量化研究方法,探究中澳法芬四国中学数学课堂 CPB 的表征,在研究方法上具有一定的创新性。在混合研究方法的范式之下,本研究主要采取了文献研究、内容分析、问卷调查、访谈、录像观察、个案研究、比较研究、统计分析等方法,有效促进了研究问题的解决。

二、研究展望

(一)实践中检验 CPB 对教学改进的促进作用

本研究探究得到相关 CPB 在不同国家课堂上的表征,可以进一步地从 CPB 的角度设计相应的教学改进方案,提出具体的教学改进建议,这对有针对性地进行教学改进具有一定的实践指导意义,并且能充分发挥本研究的实践价值。

(二)CPB 研究的学段间扩展

本研究探寻的是初中数学课堂上的 CPB,可以进一步采取类似的研究方法和路径探寻小学、高中数学课堂中的 CPB,并可以进行学段之间的比较。关于三个学段 CPB 的研究,均可以进一步开发出相应的教学改进方案。

(三)CPB 共性与差异背后的文化因素考量

关于中澳法芬四个国家中学数学课堂 CPB 的比较既表现出共性,又存在差异,可以进一步采用人种志研究方法,从文化、地域乃至历史的角度探析所呈现出的这些共性和差异的原因,并借此对已有的研究结论作深层次解释。

(四) CPB 发生过程中的师生定位

在本研究提出的问题 1 和问题 2 的基础之上,可以进一步提出问题 3:在 CPB 发生过程中的师生定位(positioning)是怎样的? 进一步地,将问题 3 细分为:

1. 教师和学生在学生听讲过程中的自我定位和对对方的定位是怎样的?

2. 教师和学生在学生做题过程中的自我定位和对对方的定位是怎样的?

3. 教师和学生在教师提问过程中的自我定位和对对方的定位是怎样的?

4. 在不同国家的课堂中,上述定位的共性和差异分别有哪些?

问题 3 的解决主要利用当前国外课堂教学研究中较为流行的研究方法——定位理论(positioning theory[1]),该理论将实现对不同国家的课堂在各 CPB 发生过程中的教师角色和学生角色进行定位,既关注教师对自己的角色定位,也关注教师对学生的定位。同样地,既关注学生的自我定位,也关注学生对教师的角色定位。定位理论的应用,将促进探析课堂上教师和学生行为的本质特点和呈现方式。

定位理论也是对国内教育研究,尤其是针对课堂教学中师生角色定位以及话语体系分析在方法上的完善和补充。利用角色定位理论探寻课堂上,尤其是指定课堂教学片段发生过程中教师和学生对自己以及对对方的角色判断与定位,有助于深度探寻教师和学生各自的课堂定位,进而深度探寻角色定位背后表现出的课堂主体表征以及教学结构表征。

---

[1] DAVIES B, HARRÉ R. Positioning: the discursive production of selves[J].
Journal for the theory of social behavior, 1990, 20(1): 43 - 63.

附录／中学数学课堂上的关键教学行为调查问卷

中学数学课堂上的关键教学行为调查问卷

姓名：　　　　　　工作单位：　　　　　　性别：

教授年级：　　　从教经验(年)：　　　学历：　　　职称：

指导语：

　　谢谢您的合作！您的所有信息将被保密,仅供本研究使用。该问卷用于寻找您所认为的中学数学课堂教学中的关键教学行为,您需要分别从以下三个方面对相关教学行为进行排序：在教学实践中的使用频率、在交流表达中的使用频率及其重要性。

　　均使用数字 1～16 为每一个类别进行排序：1—使用得最少/最不重要,16—使用得最多/最重要。对于相同的使用频率/重要性,用同一个数字表示,同时下一个赋分将错开重复位。例如,若已标 16、15、15,则下一个赋分为 13。

在您的课堂实践中的使用频率	在您的日常交流中的使用频率	您认为该行为在教学上的重要性
（　）教师展示	（　）教师展示	（　）教师展示
（　）教师讲解	（　）教师讲解	（　）教师讲解
（　）学生讲解	（　）学生讲解	（　）学生讲解
（　）教师反馈	（　）教师反馈	（　）教师反馈
（　）教师提问	（　）教师提问	（　）教师提问
（　）学生提问	（　）学生提问	（　）学生提问
（　）教师辅导	（　）教师辅导	（　）教师辅导
（　）课堂管理	（　）课堂管理	（　）课堂管理
（　）学生听讲	（　）学生听讲	（　）学生听讲
（　）内容呈现	（　）内容呈现	（　）内容呈现
（　）学生展示	（　）学生展示	（　）学生展示
（　）学生反馈	（　）学生反馈	（　）学生反馈
（　）学生做题	（　）学生做题	（　）学生做题
（　）自主学习	（　）自主学习	（　）自主学习
（　）合作学习	（　）合作学习	（　）合作学习
（　）师生互动	（　）师生互动	（　）师生互动

除上述教学行为之外,您是否有补充?

在您的课堂实践中使用频率较高的教学行为：_____

在您的交流表达中使用频率较高的教学行为：_____

您认为在教学上重要性较高的教学行为：_____

图书在版编目（CIP）数据

中澳法芬数学课堂教学比较研究：聚焦关键教学行为 / 于国文著. — 上海：上海教育出版社，2022.7
（中小学数学课程国际比较研究丛书 / 曹一鸣主编）
ISBN 978-7-5720-1563-2

Ⅰ.①中… Ⅱ.①于… Ⅲ.①中学数学课 – 课堂教学 – 对比研究 – 中国、澳大利亚、法国、芬兰 Ⅳ.①G633.602

中国版本图书馆CIP数据核字(2022)第125386号

策　　划　刘祖希
责任编辑　王雅凤
封面设计　王　捷

中小学数学课程国际比较研究丛书
中澳法芬数学课堂教学比较研究——聚焦关键教学行为
曹一鸣　丛书主编
于国文　著

出版发行　上海教育出版社有限公司
官　　网　www.seph.com.cn
地　　址　上海市闵行区号景路159弄C座
邮　　编　201101
印　　刷　启东市人民印刷有限公司
开　　本　700×1000　1/16　印张 12.5　插页 3
字　　数　220 千字
版　　次　2022年7月第1版
印　　次　2022年7月第1次印刷
书　　号　ISBN 978-7-5720-1563-2/G·1453
定　　价　48.00 元

如发现质量问题，读者可向本社调换　电话：021-64373213